胡楚生 著

烽火下的學術論著——抗戰時期十種文史著作探微

臺灣學生書局印行

自敘

八年抗戰，是神州歷史上亘古未有的巨變，大半幅國土被強隣侵佔，無數的善良民眾遭到殘酷屠殺，幾百萬英勇軍士，以血肉作長城，抵禦外侮，與頑敵作殊死的奮戰，而碧血紛飛，犧牲在沙場，幾千萬平民百姓，扶老攜幼，遠離家園，不願生活在日寇的鐵蹄脅迫恐懼之下，從長白山、從黑龍江、從華北大平原、從東南沿海、從江南各地，跋山涉水，忍饑耐寒，既缺乏交通的工具，又要隨時防備日軍的突襲，提防日本飛機臨空的轟炸，人羣依躧，踽僂蹣跚，漂泊流離，向大西南作數千里遙遠的遷徙，準備作長期的抗戰，整個華夏大地，瀰漫著悲壯的氣氛，不屈的精神。

當時中國擁有的一百多所大學，已經有半數遭到日軍的摧毀，其他的大學，在師長們的率領下，為數眾多的大學生，加上許許多多的中學生，追隨學校，追隨政府，千辛萬苦，間關萬里，徒步跋涉，往大後方遷徙，以求保存國家的人力與實力，在這些眾多的學校中，最為世人所矚目的，是西南聯合大學，西南聯大，由北京大學、清華大學、南開大學三校組成，先是三校各自西遷，經過艱困的歷程，展轉的遷移，先後在湖南、四川，多處授課，最終在雲南昆明，聚集了三校的學生，三校的教師，而成立了聯合大學，在極度艱苦的環境中，在日機狂炸的間隙中，學生們繼續發憤苦讀，教師們辛勤授課研究，八年前後，教師們在學術研究上取得了寶貴的成果，學生中也培養出像楊振寧、李政道、何炳棣那樣優秀的人才。

不僅是在西南聯大，即使是在全國各地，即使是在淪陷區中，學生們的愛國熱忱，教師們的辛勤研究，也從未停歇過，那一段抗戰史上學術耕耘的歷程，不應該被遺忘，也希望後來的人們，能夠留存在記憶之中。

本書的撰寫，記述了十位文史學者，在抗戰時期，在漫天烽火的映照之下，奮筆疾書，辛苦耕耘所得的成果，這十位名重一時的學者，錢穆、楊樹達、馮友蘭、雷海宗、熊十力、馬一浮、陳寅恪、柳詒徵等八位先生，當時都已追隨政府，在大後方艱辛的環境下，講學著述，只有陳垣與余嘉錫兩位先生，任教於天主教的輔仁大學，由於要維持學校繼續授課於不輟，因而留居在北平故都之中，他們在淪陷區中，在敵寇嚴密監控之下，忍辱負重，處境也更為險惡。這十位學者，在戰亂之中，所處的環境雖有不同，但是，他們的著作，在內容上，都具有撼動人心的力量，他們的著作，也同樣激勵了在苦難中奮鬥的國人，鼓舞了中華民族抗戰的精神，為大時代的歷史，留下了心聲和見證，值得人們去瞭解和尊敬。

當時在抗戰艱苦的環境中，努力學術，從事著述的學人們，不止這十位學者，但是，未能一一枚舉，在本書中，則謹以這十位學者的十種著作，作為反映那一偉大時代的代表論著。

筆者也曾親歷過某些抗戰時期的艱辛，童年的記憶，猶在心頭，每當風簷展書，閱讀先賢們寄寓心曲的論述時，閱讀那些充滿激勵的話語時，緬想起他們或者在深山古剎之中，埋首著述，或者在警報急催聲中，攜稿奔走，或者在烽火處處的情況下，振筆為文，心中不禁充滿著欽仰及慨歎的情感，恍然之間，彷彿時光倒流，回到從前，在他們的字裡行間，重溫了昔日那一幕幕自己也曾親身走過的苦難歲月，激動的心情，久久不能自已。

中華民國一〇四年七月七日　胡楚生　謹識

烽火下的學術論著
——抗戰時期十種文史著作探微

目次

壹、以國史昭蘇國魂——錢穆《國史大綱》探微

一、引言

錢穆（一八九五～一九九〇）字賓四，江蘇無錫人，幼年父親早卒，靠自修成為名學者。民國六年（一九一二），錢氏十七歲，為小學教師，其後，任教於廈門、無錫、蘇州等地中學。民國十九年（一九二〇），在友人顧頡剛的推薦下，前往燕京大學任教，在《燕京學報》發表〈劉向歆父子年譜〉，廣為學界推崇，名聲大噪，其後，任教於北京大學、清華大學、西南聯大、江南大學，民國三十八年（一九四九），前往香港，創辦新亞書院，民國五十七年（一九六八），當選中央研究院院士。

民國二十二年（一九三三），錢先生在北京大學講授「中國通史」，民國二十六年（一九三

七），蘆溝橋事變發生，抗日軍興，錢先生隨學校南遷，在昆明西南聯大授課，民國二十八年（一九三九），撰成《國史大綱》一書，廣受世人矚目，該書撰寫於抗戰艱苦環境之中，尤其具有特殊的時代意義。

二、錢先生撰寫《國史大綱》的時代背景

中國歷史發展，一直到清代康熙、雍正、乾隆時代，仍然是世界上的強國，中國人也一直認為自己是世界的中心，但是，從西元一八四〇年開始，中國和英國在廣東發生了「鴉片戰爭」，清廷失利，英軍軍艦四十餘艘，離粵北上，直抵大沽口，清廷大為震動，一八四二年，中英簽定「南京條約」，割地賠款，國人才意識到古老的中華帝國，已經遠遠地落後在西方強國的船堅砲利之後。

接著，一八五八年的英法聯軍，簽訂「天津條約」，一八五八年的中俄「愛琿條約」，一八六〇年英法聯軍的「北京條約」，一八九四年中日甲午之戰的「馬關條約」，一九〇〇年八國聯軍的「辛丑和約」等等，戰爭連連失敗，割地賠款，更是如巨錘般澈底擊潰了國人的自信心，中國人從極度地高傲自尊，轉變為極度地自卑自賤，從極度地狂傲自大，轉變為極度地崇洋媚外，失去了自尊與信心。這種心理的轉變，從清末一直延續民國初年。

清末民初的社會上，充斥著許多異常的現象：

㈠社會上瀰漫著反傳統反禮教的思想

清末民初，西學東漸，鑑於喪權辱國，國人因而崇尚西學蔑視傳統，既要打倒舊禮教，打倒吃人的禮教，又要反對孔子的舊思想舊倫理，於是以陳獨秀、吳虞為首的《新青年》雜誌，更倡言要「打倒孔家店」，馴至社會倫常毀棄，新思想新倫理既未能建立落實，而舊倫理已經蔑棄，形成社會民眾中心無主的真空狀況，傳統的價值觀，也因而毀棄，民族的自信心，因而喪失。

另外，民國初年，由陳獨秀、胡適為主的知識分子，提倡「新文化運動」，掀起「文學革命」，主張廢除古文，改行白話文，一時西學獨盛，易入人心，而傳統文學也遭受蔑棄。進而凡事務求新奇，而對舊有傳統嗤之以鼻。進而主張「全盤西化」，欲盡棄舊文化於不顧。

㈡學術界充滿新異學說

以顧頡剛為首的疑古學派，創辦《古史辨》雜誌，以求真求實為目標，本來是研究學術的正常觀念，但是，濫用懷疑的結果，一切古史儘量懷疑，信史又缺乏足夠的證據而未能確立，以致傳統古史，多遭破壞，甚至對古代光榮的過往，也多所懷疑，例如視大禹為爬蟲，墨子為印度人等等，以至國人進退失據，信心隨之盪然盡失。

以丁文江與張君勱為首的「科學與玄學」之爭，也稱「科學與人生觀」的論戰，張氏以為人生觀是主觀的、直覺的、綜合的、自由意志的、單一性的。由此五點，故科學無論如何發達，而人生觀問題之解決卻非科學所能為力。丁文江則以為，人生如果要求是非真偽，除去科學方法之外，別無他途。這樣的討論，很自然地，得出科學萬能，人生無用的結論。這種結論，引申到人們的身心行為之上，很容易導致人生方向的錯亂，人生價值的失衡，以及對科學的盲目崇拜。

以郭沫若為首的古史學家，以唯物史觀為範本，以唯物辨證法的方法進行比附，認為中國西周以前是原始共產社會，西周是奴隸制社會，春秋至清代末年為封建社會，而現階段近百年來則為資本社會，認為凡是西方社會所曾發生擁有過的社會狀況，中國也必然曾經有過，否則，即為落後或不正常，由此觀點而言，則中國人無疑即喪失了對自己歷史發展的解釋權。而中國歷史的是非得失，必然操縱在西方社會學家的理論之下。

在陳獨秀主編的《新青年》雜誌上，民國八年（一九一九）以後，連續介紹了德國思想家馬克思（Karl Marx 1818-1883）的社會主義，唯物史觀，說明人類文化的變動，並非由人的意識決定人的生活，而是由人的生活決定人的意識。以及社會制度之變動，與社會生產力有密切的關係，進而引進了我國的辨證唯物論思想。

總之，清末民初以來的學術界，充斥著各種西方新異的思想，在五光十色的眩惑之下，國人由是更加迷失了自我的方向。

㈢抗戰已經進入艱苦階段

甲午戰爭之後，日本全面侵略中國的野心，逐漸明顯，民國十六年（一九二七），日本軍閥田中義一出任首相之後，侵略政策更加明顯。

民國二十年（一九三一）九月十八日，日軍將南滿鐵路柳條溝段炸毀，偽稱係華軍所為，而向瀋陽北大營駐軍進攻，史稱「九一八事變」。

民國二十一年（一九三二）一月二十八日夜，日軍突然進攻上海閘北地區，我軍奮起抵抗，史稱「一二八事變」。

民國二十二年（一九三三）一月，日本侵略熱河，繼而進攻山海關。

民國二十四年（一九三五），日軍在河北製造事端，強迫中國簽訂「何梅協定」。又侵略察哈爾，強迫華北五省推行「自治運動」，以求脫離中央政府。

民國二十六年（一九三七）七月七日，日軍藉口演習一名士兵失蹤，企圖強行進入河北宛平縣城搜索，我駐軍二十九軍三十七師二一九團團長吉星文加以拒絕，晨間五時，日軍砲轟宛平城，吉團長以守土有責，下令還擊，八年抗日戰爭，正式展開。

民國二十六年（一九三七）八月十三日，日軍進攻上海，國軍奮起抵抗，是為「八一三淞滬會戰」。

民國二十七年（一九三八）三月，日軍進攻徐州，四月，我軍於臺兒莊獲得大捷，七月，日軍進攻武漢，十月，武漢會戰後，我軍撤守。

民國二十八年（一九三九）九月，歐洲戰役爆發，第二次世界大戰正展開。

迄至民國二十八年（一九三九）為止，中國當時所有的一百零一所大學，已經有五十二所被日軍摧毀，已有十五所大學遷移至西南大後方，當時交通極為不便，運輸工具，極為簡陋，許多大中學生，由師長率領，間關萬里，徒步跋涉，前往後方，往往需要展轉幾個月的時間，沿途既要忍受饑寒疾病的痛苦，又要防備日本飛機的轟炸，犧牲的師生，不在少數，著名的目錄學家姚名達，即在遭遇日軍突襲時，為了保護學生，奮勇抵抗而犧牲生命。

當時太平洋戰爭尚未發生，（日軍於一九四一年十二月八日偷襲珍珠港，美國乃對日宣戰）我國獨力對日抗戰，已經艱苦地支撐了四年之久。抗日戰爭，也已進入最艱苦的階段。

在國人欠缺自信，外有強寇侵陵的情況下，錢穆先生處此變局，心有所感，撰寫《國史大綱》，自然會有另外一種心情，寄寓在該書的字裡行間，值得人們去探索去了解。

三、探微

民國二十二年（一九三三），錢穆先生在北京大學講授「中國通史」，曾經編有「綱要」，又編有「參考材料」。民國二十六年（一九三七），蘆溝橋事變之後，學校南遷，錢先生攜帶通史筆記底稿，經香港、長沙、廣西、越南，至雲南昆明，於西南聯合大學，繼續講授國史。民國二十七年（一九三八），擇居昆明近郊宜良縣之西山岩泉下寺，幽居在深山古剎之中，就通史「綱要」撰寫《國史大綱》，民國二十八年六月十二日，《國史大綱》書成，有〈書成自記〉一文。民國二十九年（一九三〇）六月，《國史大綱》由重慶商務印書館出版。

錢先生《國史大綱》書前，有「凡讀本書請先具下列諸信心」數條：

1. 當信任何一國之國民，尤其是自稱知識在水平線以上之國民，對其本國已往歷史，應該略有所知。（否則最多只算一有知識的人，不能算一有知識的國民。）
2. 所謂對其本國已往歷史略有所知者，尤必附隨一種對其本國已往歷史之溫情與敬意。（否則只算知道了一些外國史，不得云對本國史有知識。）
3. 所謂對其本國已往歷史有一種溫情與敬意者，至少不會對其本國已往歷史抱一種偏激的虛無主義，（即視本國已往歷史為無一點有價值，亦無一處足以使彼滿意。）亦至少不會感到現在我們是站在已往歷史最高之頂點，（此乃一種淺薄狂妄的進化觀。）而將我們當身種種罪惡與弱點，一切諉卸於古人。（此乃一種似是而非之文化自譴。）
4. 當信每一個國家必待其國民備具上列諸條件者比數漸多，其國家乃再有向前發展之希望。（否則其所改進，等於一個被征服國或次殖民地之改進，對其國家自身不發生關係。換言之，此種改進，無異是一種變相的文化征服，乃其文化自身之萎縮與消滅，並非其文化自身之轉變與發皇。）

這是錢先生對讀者閱讀該書時的期望。另外，錢先生《國史大綱》書前，尚有〈引論〉一篇，討論對國史的見解，共分為十五節，在第一節中，錢先生指出「中國為世界上歷史最完備之國家」，其特徵有三項，一是悠久，二是無間斷，三是詳密。但是，錢先生也指出，「中國最近，乃為其國民最缺乏國史智識之國家」，「今國人方蔑棄其本國已往之歷史，以為無足重視，既已對其民族已往文化，懵無所知，而猶空呼愛國」，因此，他主張，「欲其國民對國家有深厚之愛情，必先使其國民對國家已往歷史有深厚的認識。欲其國民對國家當前有真實之改進，必先使其國民對已往歷史有真實之了解」。1

在第四節中，錢先生以為，「今日所需要之國史新本，將為自《尚書》以來下至《通志》一類之一種新通史。此新通史應簡單而扼要，而又必具備兩條件：一者必能將我國家民族已往文化演進之真相，明白示人，為一般有志認識中國已往政治、社會、文化、思想種種演變所必要之智識；二者應能於舊史統貫中映照出中國種種複雜難解之問題，為一般有志革新現實者所必備之參考。前者在積極的求出國家民族永久生命之泉源，為全部歷史所由推動之精神所寄；後者在消極的指出國家民族最近病痛之證候，為改進當前之方案所本」。2

在第十二節中，錢先生說：「一民族一國家歷史之演進，有其生力焉，亦有其病態焉。生力者，即其民族與國家歷史所由推進之根本動力也。病態者，即其歷史演進途中所時時不免遭遇之頓挫與波折也」。民族國家發展之歷史，不能沒有波折，因此，「人類歷史之演進，常如曲線形之波浪，而不能成一直線以前向」。「故治史者，必明生力，明病態。生力自古以長存，病態隨時而忽起。今日之中國，顯為有病，病且殆矣，萬不容諱」。[3]

在第十四節之中，錢先生指出，今日之中國，雖然有病，而且病況危殆，但是，他說：「雖然，無傷也。病則深矣重矣，抑病之漸起，遠者在百年，數百年之間，病之劇發，近者在數年、數十年之內。而我民族國家文化潛力之悠久淵深，則遠在四、五千年以上。生機之軋塞鬱勃，終必有其發皇暢遂之一日」，「必有淵然而思，憬然而悟，愀然而悲，奮然而起者。要之，我國家民族之復興，必將有待於吾國人對我先民國史略有知。此則吾言可懸國門，百世以俟而不惑者也」。[4]對自己國家民族的歷史一無所知，或所知不深的人，自然不易對這一國家民族產生感情，產生信心，產生認同之感。因此，在第十五節之中，錢先生以為，「斷斷無一國之人相率鄙棄其一國之史，而其國其族猶可以長存於天地之間者。亦未有專務於割裂穿鑿，而謂從此可以得我先民國史之大體者」。[5]

在第十四節之中，錢先生以為，「世未有其民族文化尚燦爛光輝，而遽喪其國家者；亦未有其民族文化已衰息斷絕，而其國家之生命猶得長存者。環顧斯世，我民族命運之悠久，我國

1 錢穆：《國史大綱》，（臺灣商務印書館，民國九十年）頁一。
2 錢穆：《國史大綱》，頁七。
3 錢穆：《國史大綱》，頁二十五。
4 錢穆：《國史大綱》，頁三十一。
5 錢穆：《國史大綱》，頁三十三。

家規模之偉大，可謂絕出寡儔，獨步於古今矣。此我先民所負文化使命價值之真憑實據也。以數千年民族、國家悠久偉大之憑藉，至於今而始言建國焉，又必以抗戰而始可言建國焉。」6

在第十四節中，錢先生指出，「我民族國家之前途，仍將於我先民文化所貽自身內部獲得其生機」，7又在第十五節中指出，「繼自今，國運方新，天相我華，國史必有重光之一日，以為我民族國家復興前途之所託命」，「若使此書得為將來新國史之馬前一卒，擁篲而前驅，其為榮又何如耶」。8

這是錢先生在《國史大綱》一書之前「引論」中敘述其撰者該書的重要義涵。錢先生之書，內容特色，可分為以下幾點，加以說明。

㈠以綱目體撰寫，以「綱」為領，以「目」為輔，佐以表格、地圖，清晰明白，使讀者易於了解。

例如錢先生書第二編第四章第三節「齊桓晉文之霸業」，錢書之提綱曰：「霸者標義，大別有四」，其下之目，則說：「一、尊王。」「二、攘夷。」「三、禁抑篡弒。」「四、裁制兼併。」9

於此節之末，錢書之綱曰：「總觀當時霸政，有二大要義；一則為諸夏耕稼民族之城市聯盟，以抵抗北方游牧部落之侵略，因此得保持城市文化，使不致淪亡於游牧之蠻族。二則諸夏和平結合以抵抗南方楚國帝國主義者之武力兼并，因此得保持封建文化，使不致即進為郡縣的國家。」10

又如錢先生書第二編第六章第四節「士氣高張」，錢書之提綱曰：「游士逐漸得勢，他們的學說，亦逐漸轉移，他們開始注意到自身的出處和生活問題。這已在戰國中期。他們注意的精神，已自貴族身上轉移到自己一邊來。約略言之，可分五派：一、勞作派。此可以許行、陳仲為代表。二、不仕派。此可以田駢，淳于髡為代表。三、祿仕派。此可以公孫衍、張儀為代表。四、義仕派。此可以孟軻為代表。五、退隱派。此可以莊周為代表。以上諸派，主張雖不同，然而他們思考和討論的中心，則全從自身著眼，並不像孔、墨兩家多對貴族發言。此正可見平民學者之地位已逐步高漲，而貴族階級在當時之重要性已逐步降落。」11

又如錢先生書第三編第八章第七節「漢儒之政治思想」，錢書之提綱曰：「漢儒論政，有兩要點。一為變法和讓賢論。他們根據歷史觀念，主張如下一套之進程。㈠聖人受命。㈡天降符瑞。㈢推德定制。㈣封禪告成功。㈤王朝德衰，天降災異。㈥禪國讓賢。㈦新聖人受命。武

6　錢穆：《國史大綱》，頁三十二。
7　錢穆：《國史大綱》，頁三十二。
8　錢穆：《國史大綱》，頁三十四。
9　錢穆：《國史大綱》，頁五十九。
10　錢穆：《國史大綱》，頁六十四。
11　錢穆：《國史大綱》，頁一〇七。

帝以前，漢儒鼓吹變法，武帝以後，漢儒漸漸鼓吹讓國，始終是循著上述的理論。二為禮樂和教化論。另一派漢儒，認為政治最大責任，在興禮樂，講教化，而禮樂和教化的重要意義在使民間均遵循一種有秩序、有意義的生活，此即是古人之所謂禮樂。要達此境界，不僅朝廷應恭儉自守，又應對社會一般的經濟不平等狀況加以調整。王莽的受漢禪而變法，即是此兩派學說之匯趨。」12

至於表格、地圖方面，例如《國史大綱》頁五十三所附「春秋時期周室帝系表」，頁二五一所附「五胡十六國大事簡表」，頁七三二所附「宋元豐三年四京十八路戶口主客數目表」，都能詳列人物、大事、人口數目等，使讀者易於了解。

又如《國史大綱》頁四六三所附「唐代藩鎮圖」，頁五三五所附「宋遼對峙圖」，頁六二一所附「宋金對峙圖」，都能配合當時史事，而將地理狀況顯示清楚。

(二)章節標題，顯示史事重點，等同摘要，使讀者易於掌握內容。

錢先生在《國史大綱》的「書成自記」一文之中，曾經說道：「民國二十二年秋，余始於國立北京大學任中國通史講席，是課每週四小時，一年而畢。自念講通史，非委悉周備之難而簡要明當之尤難也。」又說：「欲求簡要明當，則於繁重之國史，先必有所取捨。又必先有一系統之觀點，以為其取捨之標準。必先立一體，乃能有所取裁。」又說：「大抵余於此課，以兩小時為一講，以一講畢一題，一年凡四十餘講。共畢四十餘題。欲求於此四十餘題中，敘述我先民國史大體，約略明備，則每講之標題，為尤所盡心焉。」13

錢先生的《國史大綱》，一共分為四十六章，也代表四十六個主題，四十六次講授的重點，錢先生自言「每講之標題，為尤所盡心焉」14，其實，不僅是這四十六章的標題，即使是每章之下每節的標題，錢先生也是頗為盡心標識的，以下即就錢先生之書，略加舉例，以見一斑。

例如第六章「民間自由學術之興起」（先秦諸子），下分「春秋時代之貴族學」、「儒墨兩家之興起」、「學術路向之轉變」、「士氣高張」、「貴族養賢」、「平民學者間之反動思想」等六節。

又如第十二章「長期分裂之開始」（三國時代），下分「魏晉南北朝之長期分裂」、「舊政權之沒落」、「離心勢力之成長」、「新政權之黑暗」、「思想界之無出路」、「三國帝系」等六節」。

又如第三十一章「貧弱的新中央」（北宋初期），下分「北宋帝系及年歷」、「宋初中央新政權之再建」、「宋代對外之積弱不振」、「宋室內部之積貧難療」、「宋代政制上的另外兩

12 錢穆：《國史大綱》，頁一五〇。
13 錢穆：《國史大綱》，頁一。
14 錢穆：《國史大綱》，頁一。

個弱點」等五節。

從這些章節的標題而作觀察，即可以見出書中內容的重點，錢先生在這些標題上的費心斟酌，確實使讀者對書中史事內容，容易達到提要鈎元的功能。

㈢展現史事真相，不曲從新奇怪異之說。

錢先生在《國史大綱》中敘述史事，以展現國史的真相為目標，對於當時社會上一些流行新穎奇特的說法，並不追逐時髦，譁眾取寵。

例如在第一章「中原華夏文化之發祥」之第一節「近代對上古史之探索」中說：「近代對上古史之探索，可分兩途述說：一、史前遺物之發掘。二、傳說神話之審訂。史前遺物發掘，可分三部分述之：一、舊石器時代遺址之發現。二、新石器時代遺址之發現。由於此等發現，遂使國人古史觀念，漸漸脫離了三皇五帝之舊傳說，轉移到有物可稽之新研尋，此不可不謂是近六十年來吾國人古史知識上一大進步。三、殷墟之發現。目前關於考古發掘之成績，大略可言者止此。傳說神話之審訂，近人為之尤力。（如顧頡剛等所編集之《古史辨》）然中國民族本為一歷史的民族，中國古史早已歷經古人不斷努力，有一番卓越謹嚴而合理的編訂。今求創建新的古史觀，則對近人極端之懷疑論，亦應稍加修正。大體上研究古史，應有相當之限度，凡及年歷、人物、制度、學術等等，過細推求，往往難得真相。」15

錢先生敘述古史，他既不像嗜古成癖的學究派，從三皇五帝說起，也不全盤信任疑古學派的大膽假設，推翻許多史事，他也更不曲徙社會史學派的理論，曲解中國歷史，去附會西方的原始共產社會，奴隸制社會，而只是依據地下發掘的石器，以及殷墟出土的甲骨文字，再參照史籍文獻的記載，而作出合理的推測。因此，在講述「中原華夏文化之發祥」時，錢先生的原則是，「現在講比較可靠的古史，姑從虞、夏起」[16]，這是十分中肯的見解。

又如在第七章「大一統政府之創建」之第二節「國家民族之摶成」中說：「秦人統一，此期間有極關重要者四事：一、中國版圖之確立。（秦并六國，分建四十二郡，造成此下二千年中國疆域之大輪廓。）二、為中國民族之摶成。（春秋時代華夏雜處之局，逐漸消融，而成一「車同軌，書同文，行同倫」之社會。）三、為中國政治制度之創建。四、為中國學術思想之奠立。此四者，乃此期間中國民族所共同完成之大業，而尤以平民社會之貢獻為大。即秦人之統一，亦為此種潮流所促成。」[17]

又在第七章第三節「第一次統一政府之出現及其覆滅」中說：「秦并六國，中國史第一次走上全國大統一的路。此不因於秦國地勢之險塞及其兵力之強盛，而最要的還是當時一般意向所促成。秦政府對統一事業，亦大有努力，舉其要者，如廢封建行郡縣。收軍器，墮城郭，決

15 錢穆：《國史大綱》，頁一。
16 錢穆：《國史大綱》，頁十一。
17 錢穆：《國史大綱》，頁一一六。

川防，夷險阻，以解決封建時代之武裝。又建設首都，移東方豪家十二萬戶於咸陽，興建築。巡行郡邑，築馳道。統整各地制度文化風俗。開拓邊境，防禦外寇。此皆為完成大一統的新局面所應有之努力。大體言之，秦代政治的後面，實有一個高遠的理想，秦政不失為順著時代的要求與趨勢而為一種進步的政治。秦代政治的失敗，最主要的在其役使民力之逾量。秦室本是上古遺留下來的最後一個貴族政府，依然在其不脫貴族階級的氣味下失敗，依然失敗在平民階級手裡。秦之統一與其失敗，只是貴族封建轉移到平民統一中間之一個過渡。」18

一般評論秦之功過，多著眼於秦始皇之殘暴不仁，濫用民力，終至二世而亡。錢先生則從大方向上，對秦之影響貢獻，作出適切的評論。

又如在第十章「士族之新地位」第二節「東漢之察舉與徵辟制度」中，錢先生說：「地方察舉與公府徵辟，為東漢士人入仕之兩途。此兩制皆起於西漢。西漢的察舉制，大體可分為在先的『賢良』與後起的『孝廉』兩大項，至東漢初，則『茂材』、『孝廉』定為歲舉。循至歲以百數。嗣後『孝廉』遂為察舉惟一項目，遂至納為定額。又繼之以年限，並別標行能，加以考試。逐步漸近於後世之科舉。此項制度之演進，一面使布衣下吏皆有政治上的出路，可以獎拔人才，鼓舞風氣；一面使全國各郡縣常得平均參加中央政局，對大一統政府之維繫，尤為有效。而更要的，則在朝廷用人，漸漸走上一個客觀的標準，使政府性質確然超出乎王室私關係之上而獨立。」又說：「與察舉制相輔並行的尚有徵辟制。兩漢二千石長吏可以自辟曹掾，而東漢公卿尤以辟士為高。亦有朝廷聞高名，直接辟召。此等制度，使在野的聲名，隱然有以凌駕於在朝的爵位之上，而政府亦得挾此自重，以與王室相頡頏。自有此項制度之存在，而士人在政治上遂能佔有其地位。」[19]後世之人，常批評中國古代為專制封建黑暗，君主霸道，凌駕一切，錢先生於此書兩漢時代人才登進之途徑，總結為「察舉」與「徵辟」兩種途徑，既使民間士人得有進仕之途，又使王室貴戚不至於有專擅弄權之柄，而天下人才，可以蔚為國用，進而可以激勵士氣，澄清風俗，此為漢代優良之制度，為後世所不及者。

要之，錢先生書中，務求國史之真相，不為偏頗之論，不為過激之言，俾使讀者能夠了解國史之真實面貌，而不致妄肆批評。

㈣分析史事產生之緣由結果，以供世人參稽。

錢先生《國史大綱》書中，對於史事發生之前因後果，影響得失，常有細密深入的說明，可供作世人參考之用。

例如在第三十二章「士大夫的自覺與政治革新運動」中提到，宋朝變法，前後共有兩次，一在仁宗慶曆時，范仲淹為相，主持變法，一在神宗熙寧時，王安石為相，主持變法。范仲淹變法的內容，共有十項，分別是：一、明黜陟。二、抑僥倖。三、精貢舉。四、擇官長。五、

18 錢穆：《國史大綱》，頁一二〇。

19 錢穆：《國史大綱》，頁一七二。

均公田。六、厚農桑。七、修戎備。八、減徭役。九、覃恩信。十、重命令。

在第三十二章第三節「熙寧新法」中，錢先生說：「宋朝事實上變法的要求，依然存在，范仲淹雖失敗，不到三十年，王安石又繼之而起。然而王安石的遭遇，與范仲淹不同。反對范仲淹的，全是當時所謂小人，而反對王安石的，則大多是當時的所謂君子。仁宗比較溫和，因朝臣反對即不堅持。神宗則乾綱獨斷，儘人反對，依然任用。遂使後人對范、王兩人評判迥異。就熙寧新政與慶曆變法對照，其間亦有差別。熙寧新政之犖犖大者，如青苗、均輸、市易、方田、免役、保甲、保馬，大抵相當於范仲淹十事之六、七、八諸項。似乎王安石並不十分注重仲淹十事中之前幾項。似乎王安石是逕從謀求國家之富強下手，而並不先來一套澄清吏治的工作。因此後人說范仲淹是儒家，而王安石為申韓。因范之政見，先重治人而後及於治法；王則似乎單重法不問人。只求法的推行，不論推行法的是何等樣的人品。」又說：「即論新政立法本意，亦有招受當時反對處。尤其是安石對財政的意見，似乎偏重開源，而當時一輩意見，則注重先為節流。而安石之開源政策，有些處又跡近為政府斂財。」又說：「安石的最大弊病，還在僅看重死的法制，而忽視了活的人事。依照當時情況，非先澄清吏治，不足以寬養民力。非寬養民力，不足以厚培國本。非厚培國本，不足以遽希武功。安石的新政，一面既忽略了基本的人的問題，一面又抱有急功速效的心理。在國內新政措施全無頭緒的當日，卻同時引起邊釁，對外便覬開疆用武，因此更是加意聚斂，而忽略了為國家的百年長計。」*20* 錢先生對王安石的變法，不僅敘述其內容的大要，更分析其政策的得失以及失敗的主要原因。

又如《國史大綱》第四十一章「社會自由講學之再興起」（宋元明三代之學術）之第一節「貴族門第漸次消滅後之社會情形」中，錢先生提到，社會上貴族門第的存在，大盛於東晉南北朝，至隋唐統一之後，科舉興起，門第貴族，始漸衰落。門第衰落之後，社會上學術文化的傳播更加廣泛，政治權力更加解放，社會階級更加消融，因此，唐以後的社會，形成幾項與前不同的現象。「第一，是雕版印書術發明，書籍之傳播愈易愈廣。雕版術最初應始唐代，其事正與世族門第之衰落，交代迭起。大興則在五代，至宋又有活字版之發明。書籍刻板既多，流傳日廣，於是民間藏書家蜂起，讀書者亦自方便，此等機會，已不為少數人所獨享。就著作量而論，亦較唐代遠勝。第二、是讀書人既多，學校書院隨之而起。學術空氣，始不為家庭所囿。學校本是傳播學術之公器，但只有在貴族門第失其存在時始抬頭。所以西漢學校尚有成績，一逮東漢晚季，學校即不為人重視。東晉南北朝以迄隋唐中葉，大體上說，除卻幾個大門第故家士族保持其綿延不斷的家族教育之外，平民庶人要想走入學術的圈子裡去，非常不方便。宗教勢力即由此擴展，一般享受不到教育讀書利益的聰明分子，只有走到寺廟裡去，滿足他們的精神要求或智識慾。即雕板印書亦由寺廟開始。宋初的學者，還都往寺廟中借讀，而有名的四大書院，即在其時萌芽。（廬山白鹿洞書院、嵩陽書院、嶽麓書院、應天書院）從私人的聚徒講學，漸漸變成書院，從書院的規模，漸漸變成國家正式的學校。……第三、是社會上學術空氣漸濃厚，

20 錢穆：《國史大綱》，頁五六五。

政治上家世傳襲的權益漸減縮，足以刺激讀書人的觀念，漸漸從做子孫家長的興味，轉移到做社會師長的心理上來，因此私人講學寖後寖盛。第四、是書本流傳既多，學術興味擴大，講學者漸漸從家庭禮教及國家典制中解放到對於宇宙人生整個的問題上來，而於是和宗教發生接觸與衝突。所以自宋以下的學術，一變南北朝、隋、唐以來之態度，都帶有一種嚴正的淑世主義。」21錢先生對於宋元明三代學術的興起，不只敘述其現象，也更從國史發展上解釋其產生的原因，從而稱許宋元明學術所以具有淑世精神的主要成因。

又如在第四十六章「除舊與開新」第四節「戊戌政變與辛亥革命」中，分析戊戌變法失敗的原因，錢先生說：「這一個變政之失敗，第一原因，在於他們當時依靠皇帝為變政之總發動，而這個皇帝，便根本不可靠。第二原因，在於他們鼓動變法，一切超出政治常軌，而又並不是革命。第三原因，由於一時政令太驟，主張『速變』、『全變』，而無一個按部就班切實推行之條理與方案。第四原因，由於當時政治上舊勢力尚相當濃厚，足以阻礙革新運動之進展。緊隨著戊戌政變而來者，為庚子拳亂。庚子拳亂，雖挾有不少可笑的迷信，然其為中國上下不能忍受外侮壓迫之情感上爆發則一。所以繼續於辛丑和約以下的，還是國內一片變法維新的呼聲。然而滿洲狹義的部族政權，還想掙扎其固有之地位。（所以他們歡迎拳民而排拒新政。拳民排外不變法，於他們地位有利無害。）在狹義的部族政治下，乃惟有革命爆發之一路。」22錢先生對戊戌變法所以失敗，以及最終不得不走上革命爆發途徑之原因，分析得極為密細且中肯。

㈤講明制度沿革，貫串前後史事。

錢先生在《國史大綱》之中，針對歷史制度的變遷，也常予以闡明，加以貫串說明。例如第八章「統一政府文治之演進」（由漢武帝至王莽）第一節「西漢初年之社會」中，說道：「封建時代的農民，對其上層統治者，約有如下幾種負擔：一曰稅（地租）。二曰役（對其封君為額定的幾天勞役）。三曰賦（遇有戰爭，須貢獻車牛）。四曰貢（逢年節向其封君獻兔、鷄、鵝、絲、布等）。上四項，一為粟米之征，二、三為力役之征，四為布帛之征。一一沿襲到秦漢無變。就漢初情形而言，農民對政府負擔大體如次：一、田租（即稅）。二、算賦（即後世之「丁口稅」）。三、更戍（即兵役）。此種負擔，在當時已為極重，農民在無可聊賴中，首先是出賣耕地，出賣耕地後生活不免更苦。其次只有出賣妻子乃至出賣自身。此為漢代奴婢盛多之來源。否則亡命，舍匿亡命有罪，而或則冒罪藏匿，是為『任俠』，商賈必盛蓄奴婢，任俠必多匿亡命，二者形成漢初社會之中層。」23錢先生對於傳統社會的農民稅捐，及其制度之變遷，以至流變成為奴隸任俠的情形，有清晰扼要的說明。

又如第二十四章「新的統一盛運下之社會情態」之第二節「唐代之租庸調制」中，錢先生

21 錢穆：《國史大綱》，頁七八六。
22 錢穆：《國史大綱》，頁九〇〇。
23 錢穆：《國史大綱》，頁一三一。

說：「由北魏之『均田』制演變而成唐代之『租庸調』制。凡男女始生為黃，四歲為小，十六為中，二十有一為丁，六十為老。丁年十八以上授田一頃，內八十畝為口分，年老還官。二十畝為永業。授田者丁歲輸粟二石，謂之『租』。丁隨鄉所出，歲輸綾、絹、絁各二丈，布加五之一。輸綾、絹、絁者兼綿三兩，輸布者麻三斤，謂之『調』。用人之力，歲二十日，閏加五日。不役者日為絹三尺，謂之『庸』。有事加役二十五日者，免調；加役三十日者，租、調皆免。通正役不過五十日。」[24]

錢先生指出，「租庸調制」，所以為後世所稱道，第一，在於其輕徭薄賦的精神，第二，則為稅收項目之列舉分明，第三，更重要的，則是其「為民制產」的精神。

在第二十五章「盛運中之衰（上）」之第一節「由租庸調制到兩稅制」中，錢先生說：「租庸調制的精神，不僅在於輕徭薄賦，而尤重於為民制產。推行此項制度，必先整頓籍帳。戶籍分九等，共三本。一留縣，一送州，一送戶部。計帳預定翌年之課役數。武德六年制，『每農一造帳，三年一造籍』，凡戶口之新附、除籍、絕逃、籍沒，田畝之應退、應授，均須逐年認真辦理。唐自武后亂國以來，民避徭役，逃亡漸多，田移豪戶，官不收授，到玄宗開元八年，乃重頒庸調法於天下。是時天下戶未嘗升降，監察御史宇文融獻策，括籍外羨田、逃戶。然版籍之不整理如故。朝廷再不注意到民生疾苦，而徒務於追徵誅求。創建祖庸調制度的意識與精神全不存在，而強欲以法令快上意，終不能有效。其時政府則誅求苛刻，而社會則兼并熾行。及安史亂後，戶籍頓減，更難處理，於是租庸調制乃不得不廢而以『兩稅』制代之。

『兩稅』制始於德宗建中元年，為宰相楊炎所創，其制：凡百役之費，一錢之斂，先度其數而賦於人，量出以制入。戶無主、客，以見居為簿，人無丁、中，以貧富為差，稅夏、秋兩徵，租、庸、雜傜悉省。其制簡捷明白，可以止吏姦，而未必能惠民生。以此制與租庸調制比，租庸調制稅目分明，此則並歸一項。授田徵租之制，遂變為僅徵租不授田。『為民制產』之精意全失，而社會貧富兼并，更因此而不可遏。又此制因出制入，與農業經濟之情況亦不合，以貨幣納稅，亦為妨農利商。以後的稅制，只能沿著楊炎的兩稅制稍事修改，竟不能再回到租庸調制的路上去。正因一個制度的推行，必有與其相副的一種精神與意識，否則此制度即毀滅不能存在。從北魏到唐初，在中國士大夫心中湧出的一段吏治精神，唐中葉以後已不復有，則相隨而起的種種制度，自必同歸於盡。」[25]對於南北朝以至隋唐時代的稅收制度，由均田制而至租庸調制，而至兩稅制的演變，錢先生的敘說，清晰展示先後的因襲關係，利病得失之所在。

又如第三十五章「暴風雨之來臨」（蒙古入主）之第四節「元代之稅收制度與經濟政策」，曾經批評元人，說「他們欠缺了一種合理的政治理想，他們並不知所謂政治的責任，因此亦無所謂政治的事業。他們的政治，舉要言之，只有兩項：一是防制反動，二是徵斂賦稅」。錢先生說：「因此，元代稅收有『撲買』之制。雖以世祖為開國賢主，亦專用財計之臣，務於聚

24 錢穆：《國史大綱》，頁四〇六。
25 錢穆：《國史大綱》，頁四二一。

斂，各種商稅課額，日增月漲，靡有所已。常賦之外，復有『科差』，其額又極重。惟元世祖初有中原，方經兵燹之後，又多用中國士人，故以注意稅收之故，而尚能留心及於民間之農事。至元七年，立司農司，專掌農桑水利，仍分布勸農官及知水利者巡行郡邑。又於農村設『社長』，而開浚水利之功，頗可稱道。喪亂洊臻後之民生，賴以稍甦。惟自滅宋以後，他們意態即不同。設官分職，財務重於民事，而貪污乃為元代政治上一尋常之事件。又元代專行鈔法，其先民間尚稱便，至其末，則鈔料十錠易斗粟不得。明起，鈔法竟不能復行，而銀幣代起，亦為中國史上一重要之變更。」26 錢先生對元代賦稅制度之轉變，經濟政策之敘述，簡明扼要，使人易於了然。

錢先生在《國史大綱》中，針對歷代典章制度，也選擇其重要者，加以講明，使讀者對國史上之制度變遷，有一清晰之了解。

㈥指示光明前景，使讀者對國家民族重拾信心。

錢先生《國史大綱》第四十六章「除舊與開新」（清代覆亡與民國創建）之第一節「晚清之政象」中指出，清代狹義的部族政治，雖經所謂「咸同中興」，苟延殘喘，而終於不能維持。「第一、是外患之紛乘。東西勢力初次接觸，中國昧於外情，因應失宜。主和主戰，翻覆無定。而內亂腐敗，百孔千瘡，更說不上對外。第二、是內政之腐敗。當時內政上，最感問題者，首為財政之竭蹶。其次則為官方之不振。照當時的政象，絕對抵不住當時的外患，於是遂有當時之所謂『變法自強』。」[27]但是，在當時的政治積習與氛圍中，根本說不到變法自強，在外患刻刻進逼，政事遲遲不進的情況下，終於使當時人的目光轉移到較基本的人才和教育問題上去。在第三節「晚清之廢科舉興學校」中，錢先生指出，「首先創設之學校，大抵不外乎以養成繙譯與軍事之人才為主。漸次乃有普通學校之創立，其目光亦稍稍擴大及於法政、經濟諸門。然要之仍不脫於為一時之實用，而以學校為附屬於政治之一機構」，「在此情形下，乃發生學校與科舉之衝突，隋唐以來沿襲千餘年的科舉制度，終於廢絕，而以學校為替代」。[28]於是乃有「中學為體，西學為用」之理論出現，但是，錢先生特別強調說：「一個國家，絕非可以一切捨棄其原來歷史文化、政教淵源，而空言改革所能濟事。」[29]於是社會上對於全部政治澈底改革之要求蓬勃四起。

在第四十六章「除舊與開新」之第五節「辛亥革命以後之政局」中，錢先生指出，「辛亥革命爆發，滿洲王室退位，一面是狹義的部族政權已解體，然在此政權下所長養遺留的種種惡勢力，卻因舊政權之解體而潰決，有待於逐步拾收與逐步清滌。另一面則社會民眾的力量，雖

[26] 錢穆：《國史大綱》，頁六四三。
[27] 錢穆：《國史大綱》，頁八八九。
[28] 錢穆：《國史大綱》，頁八九六。
[29] 錢穆：《國史大綱》，頁九〇〇。

則已夠有推翻舊政權之表現，而對於創建一種理想的新政權之努力，則尚有待於逐步試驗與逐步磨練。因此，辛亥革命只是中國民眾一種新艱苦工作之開始，而非其完成。舊政權解體後緊接著的現象，便是舊的黑暗腐敗勢力之轉見抬頭，而新力量無法加以統制。袁世凱誤認此種狀態之意義而帝制自為，康有為又誤認此種狀態之意義而參加復辟。政局在此幾度動盪中益增其阢隉，而舊的黑暗腐敗勢力益見猖獗，此種舊的黑暗腐敗勢力之活動，大率以各省的軍權割據為因依。」「為掃蕩此種軍閥，而國家民族之元氣大傷。代表舊政權之最後惡態者，為此輩軍閥之腐化與惡化，而代表新政權之最先雛形者，則為議會與政黨之紛擾。當時的政黨，似乎誤認分黨相爭為政治上最高的景象，分黨相爭的勝負，不能取決於民眾，轉而各自乞援於軍人。一般黨員，則憑藉黨爭的美名，來公開無忌憚的爭權奪利，國家民族之元氣，又在此種紛擾中損傷了不少，直到民國十七年國民革命軍再度北伐，而上述兩種情況，始見摧廓。」30 在第六節「文化革命與社會革命」中，錢先生指出，「在此國家社會繼續震盪與不斷損傷中，過激思想亦逐步成長」，「文化革命之口號則有『禮教吃人』、『非孝』、『打倒孔家店』、『線裝書扔毛廁裡』、『廢止漢字』、『全盤西化』等。社會革命則以組織工、農無產階級攘奪政權，創建蘇維埃政府為職志」，「政治不安定，則社會一切無出路，社會一切無出路，則過激思想愈易傳播流行，愈易趨嚮極端，要對此加以糾正與遏止，又不知費卻國家民族多少元氣與精力。繼續此種國內政治之不安定，社會之無出路，而引起更嚴重的外患。」31 於是有日本侵華的戰爭發生。

在《國史大綱》第四十六章「除舊與開新」的第七節「三民主義與抗戰建國」中，錢先生說：「在此艱鉅的過程中，始終領導國人以建國之進向者，厥為孫中山先生所倡導之三民主義。三民主義主張全部的政治革新，與同、光以來僅知注重於軍備革命者不同。三民主義自始即採革命的態度，不與滿洲政府狹義的部族政權求妥協，此與光緒末葉康有為諸人所唱保皇變法者不同。三民主義對當前政治、社會各項污點、弱點，雖取革命的態度，而對中國已往自己文化傳統、歷史教訓，則主保持與發揚，此與主張全盤西化、文化革命者不同。三民主義對國內不主張階級鬥爭，不注一階級獨擅政權；對國際主遵經常外交手續，蘄向世界和平；此與主張國內、農工無產階級革命，國外參加第三國際世界革命集團者不同。三民主義之革命過程，分為軍訓、訓政、憲政三階段，仍主以政治領導社會，此與偏激的急速主義，專求運用社會力量來做推翻政治工作者不同。」32在前段文字中，錢先生指出了三民主義與當前社會政治思想作為主張的辦法，有五種根本不同的地方。相較之下，而更加顯現出中山先生思想的優越性和適應性。只是，錢先生也說：「可惜三民主義之真意義與真精神，一時未能為信從他的一般黨員所切實瞭解。因此三民主義在建國工作上，依然有不少頓挫、不少歧趨。然而辛亥革命，民

30 錢穆：《國史大綱》，頁九〇六。
31 錢穆：《國史大綱》，頁九二。
32 錢穆：《國史大綱》，頁九一三。

國十七年之北伐，以及當前之對日抗戰，全由三民主義之領導而發動。將來三民主義之充實與光輝，必為中華民國建國完成之唯一路向。」33

在第四十六章「除舊與開新」的第八節「抗戰勝利建國完成中華民族固有文化對世界新使命之開始」中，錢先生說：「本節諸項，為中國全國國民內心共抱之蘄嚮，亦為中國全國國民當前乃至此後共負之責任。不久之將來，當以上項標題，創寫於中國新史之前頁。」34 用以激勵國人，對國家前途，堅持信心。

四、結語

錢賓四先生在抗戰時期，撰寫《國史大綱》一書，當時，國人普遍的心理，在經歷過晚清的變局，民國初年的蔑棄傳統，對自身的信心猶未恢復之際，再加上在強寇日本的侵略，抗戰已進入最艱苦的階段，對於國家民族的前途，國人尚存有疑慮之時，錢先生論述國史，全面地講述國史的發展，使讀者明瞭國史的真面貌，在國史的發展過程中，曾經有過艱困的時代，也曾有過開拓的時代，有過萎靡屈辱的時代，也曾有過光彩振奮的時代，有過五胡亂華的渾屯時代，也曾有過漢唐盛世的光輝燦爛時代，中華民族的歷史，是一頁頁面對艱巨，奮鬥邁進的過程，國史的記錄中，也有典章文物燦爛大備的一面，也有聖賢人物卓然頂天立地的一面，中華民族的歷史真相，絕不是一味的封建遺毒，更不是漆黑的一團，錢先生告訴我們：「我民族國家之前途，仍將於我先民文化所貽自身內部獲得其生機」[35]，因此，只有充分地了解自己，認識他人，才能夠具有足夠的信心和勇氣，去面對層層的橫逆而無所畏懼，才能夠面對種種的挑戰，而獲得最後的勝利，從而昭蘇民族國家的靈魂，重振國人的堅毅的精神與無比的信心。

錢先生講述國史的發展，指示國家發展的前途，給國人讀者以無比的信心，去開拓光明的遠景，引領國人，去共同創造光輝燦爛的國史新頁，從而躋登國家於富強康樂的新境界。

33 錢穆：《國史大綱》，頁九一四。
34 錢穆：《國史大綱》，頁九一四。
35 錢穆：《國史大綱》，頁三十二。

貳、以「榮復讎」激勵民心士氣——楊樹達《春秋大義述》探微

一、引言

楊樹達（一八八五～一九五六）字遇夫，湖南長沙人，自幼入塾，研讀詩書，光緒二十三年，進入長沙時務學堂，從梁啟超、熊希齡等學習新知，光緒三十一年，前往日本，先後進入東京宏文書院大塚分校及京都第三高等學校學習，辛亥革命後，返回國內，先後執教於北京師範大學、清華大學、湖南大學，民國三十七（一九四八），獲選為中央研究院第一屆院士。

楊先生一生，專意講學，著述甚多，如《高等國文法》、《詞詮》、《古書句讀釋例》、《中國修辭學》、《淮南子證聞》、《鹽鐵論要釋》、《漢書窺管》、《周易古義》、《老子古義》、《論語古義》、《論語疏證》、《積微居金文說》、《積微居甲文說》、《積微居金

石小學論叢》、《積微居小學述林》、《積微居讀書記》等書，皆屬蜚聲士林之學術專著。

民國二十年九月十八日，日軍進佔瀋陽，民國二十六年七月七日，蘆溝橋事變發生，楊先生時因親病，自北平歸省湖南，民國二十九年，抗戰進入艱苦階段，楊先生激於義憤，秉其愛國情操，撰成《春秋大義述》一書，以寄寓心志，楊先生在該書的〈自序〉中說：

> 余自民國八年北遊，居舊京將二十年，教士於清華大學者十載，二十六年夏，以親病乞假南歸，歸二月而倭夷憑恃武力，挑釁蘆溝，先是倭夷強據我東三省及熱河，國人已中心憤怒，群思起與相抗，至是益憤寇難之逼，不能復忍，我軍事委員長蔣公以神武之姿，因國人之怒，起率南北健兒，以與夷虜周旋，伸其撻伐，蓋自始戰迄今，歷時三十餘月矣。

又說：

> 余時既移席於湖南大學，每念二十年都講之所，東南財賦之區，淪為羊豕窟宅，不可卒拔，又自念荏染書生，迫於衰暮，不能執戈衛國，深用震悼於厥心，一日獨居深念，忽悟先聖之述《春秋》，以復讎攘夷為大義，爰取往業，再三熟復，粗有所明，二十八年秋，乃以是經設教，意欲令諸生嚴夷夏之防，切復讎之志，明義利之辨，知治己之方，

又以是經大義散在諸篇，學者始習，艱於通貫，乃取諸大義之比近者，類聚而群分之，立文為綱，而以經傳附著其下，欲令學者力省時約，易於通解，每習一章，即明一義。

又說：

自知學識闇陋，不足明先聖之志於萬一，顧念經述之就衰，痛島夷之猾夏，寧敢以固陋自廢，而不誦其所聞，於是紹述大義，凡得二十九篇，當世賢人君子，儻能嘉其用心，匡所不逮，使聖學明而民志定，正義立而夷禍平，將國族實嘉賴之，寧獨余一人之私幸也。1

楊先生此〈序〉，於民國二十九年（一九四〇）二月二十五日，作於湖南辰谿，在〈序〉文中，楊先生敘說了撰寫此書的時代背景、寫作用意、以及內容大要。主要以復讎、攘夷為大義。楊先生此書，於民國三十二年十二月，由商務印書館出版，出版之時，書前有吳興陳立夫先生所撰之〈序〉，〈序〉文說：

1 楊樹達：《春秋大義述》，（商務印書館，民國三十二年）頁一。楊先生此書，不易尋覓，民國六十七年秋季，余在美國國會圖書館中覓得，影印攜回。

春秋二百四十二年之間，綱紀陵夷，荊蠻猾夏，孔子以述而不作之聖，愍然憂之，故於《詩》《書》，則刪其煩蕪，於《禮》《樂》，則定其訛謬，於《周易》，則贊其幽頤，而獨於《春秋》一經，則毅然取史氏之舊文，加以筆削，垂萬世之法，微言大義之所存，蓋有在於是矣，絜其要領，則大一統與攘夷狄二者為先，大一統則必尊王室，以其為號令所自出，不可得而僭，尤不可得而干之也，攘夷狄則必內諸夏，以其為立國之大防，不可得而踰，亦必不可一日潰也。

又說：

自抗戰軍興，舉國一心，以翊戴中樞，安夏攘夷，期成大業，媚外者則民族有賊子之誅，專命者則國家有亂臣之討，而《春秋》之義，必使其戶曉家喻，正人心以固國本，其事蓋不可緩，湖南大學教授楊君遇夫，治經深有得於屬辭比事之教，講學之餘，思有以自靖獻於國家民族，成此《春秋大義述》一書，以示後學，遠道問序於余，因發其凡如此，倘亦桴鼓相應之義也。2

陳立夫先生的〈序〉文，寫於民國三十年（一九四一）三月，也是抗日戰爭最為艱苦的時期，是時，太平洋戰爭尚未爆發，國內則和談之議頻興，而又有專據一方，抗命不遵者，故〈序〉文中，於大一統與攘夷狄之外，則於媢外之誅與專命之討兩者，也特別加以強調，楊先生之書，陳〈序〉之外，尚有曾運乾先生所撰之〈序〉文，〈序〉中說：

吾友長沙楊積微先生，說字之精，遠逾段令，釋詞之審，上邁二王，注班漢則抗手晉顏，校淮南殆鼎足高許，亦既天下學士，家誦其書矣，邇者以來，鑒於國變日亟，慨然中輟其考訂精嚴之素業，而從事於師絕道喪之微言，條舉《公羊》《春秋》綱義，類繫經傳於其下，以淺持博，以一持萬，為《春秋大義述》一書，展卷觀之，不煩鉤稽，而麟經數十義法，豁然如披雲霧而睹天日，其開宗明義兩篇，曰〈復讎〉，曰〈攘夷〉，上契聖心，近符國策，不僅為久湮之義發其覆，抑又為新造之邦植其基。3

曾運乾先生的〈序〉文，寫於民國三十年一月，曾氏也是長沙人，擅長《尚書》及古音之學，負有時名。在〈序〉文中，曾先生對於楊先生為學，由考訂訓詁轉入探索《春秋》微言大義的心路歷程，敘說得較為詳細。

此文之作，目的在於分析楊樹達先生《春秋大義述》一書之寫作方法，內容大要，並對他

2 楊樹達：《春秋大義述》，頁一。

3 楊樹達：《春秋大義述》，頁一。

寫作的用心，寄寓的義旨，作出探索。

二、探微

對楊樹達先生《春秋大義述》一書，本文從「篇目之安排」、「大義之彰顯」、「論斷之依據」、「微旨之寄寓」等四個方面，加以探析。

㈠篇目之安排

楊樹達先生《春秋大義述》一書，分為五卷，共計為二十九篇，其篇目，依次為〈榮復讎第一〉、〈攘夷第二〉、〈貴死義第三〉、〈誅叛盜第四〉、〈貴仁義第五〉、〈貴正己第六〉、〈貴誠信第七〉、〈貴讓第八〉、〈貴豫第九〉、〈貴變改第十〉、〈貴有辭第十一〉、〈譏慢第十二〉、〈明權第十三〉、〈謹始第十四〉、〈重意第十五〉、〈重民第十六〉、〈惡戰伐第十七〉、〈重守備第十八〉、〈貴得眾第十九〉、〈尊尊第二十〉、〈大受命第二十一〉、〈錄正諫第二十二〉、〈親親第二十三〉、〈重妃匹第二十四〉、〈尚別第二十五〉、〈正繼嗣第二十六〉、〈諱辭第二十七〉、〈錄內第二十八〉、〈言序第二十九〉。

《春秋大義述》卷首，有「凡例」二十六條，敘說該書體例，「凡例」之中，對於該書二十九篇篇目名稱與次第之安排，曾經提出清晰之說明，如「凡例」第七條說：

倭奴狂狡，陵我中華，五十年於此矣，著者年方十歲，即有中倭甲午之戰，於時親睹父兄憤慨之誠，即切同仇之志，年既冠，出遊倭京，益知倭奴之凶狡，晚遭大難，自恨書生，不能執戈衛國，乃編述聖文，昭示後進，故本編以〈復讎〉〈攘夷〉二篇為首，惡倭寇，明素志也。[4]

在此條「凡例」之中，楊先生敘說了《春秋大義述》一書，所以要以〈復讎〉〈攘夷〉兩篇居全書之首的用意。又如「凡例」第八條中說：

華倭國力，本不相當，而三年以來，我方將士，前仆後繼，視死如歸，馴致愈戰愈強，而倭寇乃陷入深淵，不能自拔，環顧歐陸，最強大之國，不一二月，遽即淪亡，以彼例此，我國潛力強盛，頓使世界震驚，此固由國人涵濡聖教，故人有忠義之心，亦由元帥賢明，故爾士心激厲也，本編次述〈貴死義〉，念國殤，厲將士也。[5]

在此條「凡例」之中，楊先生敘說了要以〈貴死義〉繼於〈復讎〉與〈攘夷〉兩篇之後，正是

4 楊樹達：《春秋大義述》，頁二。
5 楊樹達：《春秋大義述》，頁二。

為了激勵抗日將士，視死如歸的用意。又如「凡例」第九條說：

> 人臣之罪，莫大於叛國，宋魚石齊慶封以中原之人，受夷狄之封，憑藉異族之勢，以脅父母之邦，固天地所不容，神人所共憤也，故楚靈雖不道，其討慶封也，《春秋》予之伯討，而董子亦著封罪之宜死，誠深惡而痛絕之也，倭寇鴟張，不謂今日炎黃之胄，尚有為魚石慶封之續，藉外援以叛國者，真人類之梟獍也，故次述〈誅叛盜〉，明眾怒，張天討也。6

在此條「凡例」之中，楊先生指出了抗戰之時，漢奸叛國之流的可惡，也更明確地顯示了楊先生之書，即從篇目名稱與次第的安排而言，也是緊扣了抗日戰爭中的諸般史事，發揮了《春秋》大義的褒貶精神。

另外，自〈明權第十三〉以下，從注重民生的〈重民〉，到愛好和平的〈惡戰伐〉，到不能缺乏軍事防衛力量的〈重守備〉，到監督吏制的〈錄正諫〉等等，大體而言，二十九篇篇目的名稱與次第，確實有其內在理路的貫串線索，也有其理條井然的層層體系，因此，楊樹達先生在《春秋大義述》一書中的篇目安排，不僅能彰顯《春秋》的大義，也能緊扣抗日戰爭的時代背景和時代精神，而進行了彰明古籍、兼寓新義的雙重任務。

(二)大義之彰顯

楊樹達先生所撰《春秋大義述》一書，重在彰顯《春秋》之大義，故採取歸納的方法，將《春秋》及各《傳》中所述類似的事件，聚為一篇，又採取綱目式的體例，以自身之言論文字為綱，提絜各篇大義，使《春秋》大義，從而彰著明顯，楊先生在該書「凡例」第一條中說道：「《春秋》之所重在義，聖人固早已明示後人，此書編述，一以大義為主，考證之說，概不錄入。」又在「凡例」第五條中說道：「《春秋》始隱訖哀，凡二百四十二年，一《經》大義，散在《傳》中諸篇，學者非偏讀全書，再三孰復，不易得其條貫，此書既主述大義，故將各《傳》之屬於某一義者類聚之，即取其大義為篇名，絜各《傳》文中要旨，立文為綱，而以《經》《傳》附列於其下，意欲期讀者，每讀一篇，得明一義，聊收節省日力之效云爾。」已將此書之寫作方式，敘說清楚。因此，即就《春秋大義述》一書楊先生所撰寫之各篇提綱而言，也已足夠了解楊先生此書在其篇中所欲彰顯的大義，例如在《春秋大義述》卷一〈榮復讎第一〉篇中楊先生所撰的提綱說：

> 《春秋》榮復讎。　復國讎者賢之。　國讎不可並立於天下，雖百世可復也。　復讎而

6　楊樹達：《春秋大義述》，頁二。

戰，雖敗猶可伐，故內不言敗，復讎敗則特書。讎者無時可與通，故與讎狩則譏。與讎會則譏。與讎為禮則譏。娶讎女則譏。事復讎，而無復讎之誠者，譏。君弒，賊不討，不書葬，以為臣不討賊，非臣，子不復讎，非子。讎在外不能討則書葬。無賊可討則書葬。復讎者，滅其可滅，葬其可葬。家讎不可復。父不受誅，子復讎可也。朋友復讎，相衛而不相迿，古之道也。7

在《榮復讎第一》篇中，楊先生一共撰寫了十七條提綱，在這十七條提綱之下，每條提綱都有支持此條提綱主張的《經》《傳》史籍資料，對於此條提綱，作出詳密的證明，每條提綱，由《經》《傳》資料證明其可信，證明其來源，而每條提綱，也依據其《經》《傳》資料，作出了概括性及綜合性的提要說明。每條提綱與每條提綱之間，也有其密切之關聯性質，因此，將每條每條提綱簡擇出來，貫串成一篇前後相聯之文字，則正好彰顯了該篇文章所欲表顯的《春秋》「大義」。例如此篇自「榮復讎」入手，提為綱領，然後提出了「復國者賢之」，以至「國讎不可並立於天下，雖百世可復也」的目標，以至為「復讎而戰，雖敗猶可伐」的激勵之語，以至「讎者無時可與通」，故「與讎狩」、「與讎會」、「與讎為禮」、「娶讎女」、「無復讎之誠者」，則皆「譏」之，以至「君弒，賊不討」，則「不書葬」，以至由君國之讎，至於父母之讎等等，皆由每條提綱，作出系統之貫聯，同時也彰明了「榮復讎」的《春秋》大義。

又如在《春秋大義述》卷一〈貴死義第三〉篇中楊先生所撰的提綱說：

> 《春秋》貴死義。　國君之死者，萊君死國則正之。　紀侯死國則賢之。　人臣之死者，孔父義形於色而死，則賢之。　仇牧不畏強禦而死，則賢之。　荀息不食其言而死，則賢之。　女子之死者，宋伯姬守禮而死，則賢之。　貴死義，故賤苟生。國君見獲不能死位，則絕之。　故蔡侯獻舞名。　沈子嘉名。　邾婁子益名。　曹伯陽名。　隗子之不名，以小國故不詳耳。　國君失國不能死位，亦絕之，故穀伯綏鄧侯吾離名。　鄭忽名。　邾子益名。　郜子盛伯之不名，以魯同姓故耳，此國君之見賤者也。　鄭祭仲不能死難，故見惡於《春秋》。　曹大夫不能死義，故眾殺而不名。　楚公子比不能死義。故加以弒君之罪。　凡伯不能死義，故書以歸以見其辱命，此人臣之見賤者也。　逢丑父代齊頃公之死，可謂能捨身也，而《春秋》非之者，以其使頃公苟生，置其君於人所甚賤故也。8

作〈貴死義第三〉篇中，楊先生一共撰寫了二十二條提綱，這二十二條提綱，從國君如萊君紀

7 楊樹達：《春秋大義述》，頁一。
8 楊樹達：《春秋大義述》，頁十八。

侯能夠以義殉國，人臣如孔父仇牧荀息的以義死難，到女子如宋伯姬的守禮死義，都是《春秋》視以為是賢明的對象。反之，國君人臣，如果偷生苟活，不能捐軀報效國家，《春秋》則直書其名，以表示輕賤視之的意義，至於成公二年齊晉鞌之戰，齊師戰敗，晉郤克將虜獲齊頃公，頃公之車右逢丑父在戰車上與頃公易位，又使頃公下車覓取飲水，因而得以免於被俘，此在逢丑父，雖屬捨身與敵，代君而死，有功國家，但是，《春秋》以為，逢丑父措其君於人所至賤之地，而因以苟生，也不是真能知曉權變的舉動，故也並不稱許他的行為。

以上所舉之例，都是楊先生自《春秋》經傳中歸納得見聖人在《春秋》中所主張之「大義」，然後以提綱的方式，加以寫出，又以經傳資料，臚列其下，加以佐證，因此，提綱中的「大義」，皆屬楊先生自《春秋》經傳中，客觀歸納而得，所得結論，也都堅確可信。

㈢論斷之依據

楊樹達先生撰寫《春秋大義述》一書，採取歸納的方法，將《春秋》經傳中相關的史事以及評論的意見，類聚一處，從而得到極為可信之論斷，因此，在該書每篇的提綱之下，皆有廣徵博引的相關史事及評論資料，用以佐證所撰提綱的可信程度，而在楊先生引用的史事及評論資料中，由於所著重的在彰明《春秋》的經義，因此，大體上是以《公羊傳》、《穀梁傳》、《春秋繁露》為主，而以其他經傳資料為輔，例如《春秋大義述》卷二《貴誠信第七》篇中「宋華元楚子反不欺則大之」的提綱之下，楊先生引述資料說：

「宣十五年，夏，五月，宋人及楚人平。」《公羊傳》曰：「外平不書，此何以書，大其平乎己也。何大乎其平乎己，莊王圍宋，軍有七日之糧爾，盡此不勝，將去而歸爾，於是使司馬子反乘堙而闚宋城，宋華元亦乘堙而見之，司馬子反曰，子之國何如，華元曰，憊矣，曰，何如，曰，易子而食之，析骸而炊之，司馬子反曰，嘻，甚矣憊，雖然，吾聞之也，圍者柑馬而抹之，使肥者應客，是何子之情也，華元曰，吾聞之，君子見人之厄則矜之，小人見人之厄則幸之，吾見子，君子也，是以告情於子也，司馬子反曰，諾，勉之矣，吾軍亦有七日之糧爾，盡此不勝，將去而歸爾，揖而去之，反於莊王，莊王曰，何如，司馬子反曰，憊矣，曰，何如，曰，易子而食之，析骸而炊之，莊王曰，嘻，甚矣憊，雖然，吾今取此然後歸爾，司馬子反曰，不可，臣已告之矣，軍有七日之糧爾，莊王怒曰，吾使子往視之，曷為告之，司馬子反曰，以區區之宋，猶有不欺人之臣，可以楚而無乎，是以告之也，莊王曰，諾，舍而止，雖然，吾猶取此然後歸爾，司馬子反曰，然則君請處於此，臣請歸爾，莊王曰，子去我而歸，吾孰與處於此，吾亦從子而歸爾，引師而去之，故君子大其平乎己也。」《韓詩外傳・二》曰：「楚莊王圍宋，有七日之糧，曰，盡此而不剋，將去而歸，於是使司馬子反乘闉而窺宋城，宋使華元乘闉而應之……。君子善其以誠相告也。」9

9　楊樹達：《春秋大義述》，頁五十五。

楚莊王圍宋，楚司馬子反與宋華元相見，各言其軍中實情，誠懇相告，楚軍因而引師歸去，《春秋》遂記此事曰「宋人及楚人平」，平是和平之義，而《公羊傳》也說「故君子大其平乎己」，指君子稱許此次事件能夠經由兩位大臣而和平解決，楊樹達先生在此條「宋華元楚子反不欺則大之」的提綱之下，引述《春秋》經、《公羊傳》、《韓詩外傳》的記述和評論，（《韓詩外傳》的記述與《公羊傳》大略相同），而得出前述的提綱，一則說明提綱的來源，一則也說明了提綱論斷的言必有據，信而可徵。

又如《春秋大義述》卷五〈惡戰伐第十七〉篇中「宋襄公不忘大禮，則譬為文王之戰」的提綱之下，楊先生引述資料說：

「僖二十二年，冬，十有一月，己巳，朔，宋公及楚人戰于泓，宋師敗績。」《公羊傳》曰：「偏戰者日爾，此其言朔，何，《春秋》辭繁而不殺者，正也，何正爾，宋公與楚師期于泓之陽，楚人濟泓而來，有司復曰，請迨其未畢濟而擊之，宋公曰，不可，吾聞之也，君子不厄人，吾雖喪國之餘，寡人不忍行也，既濟，有司復曰，請迨其未畢陳而擊之，宋公曰，不可，吾聞之也，君子不鼓不陳列，已陳，然後襄公鼓之，宋師大敗，故君子大其不鼓不成列，臨大事而不忘大禮，有君而無臣，以為雖文王之戰，亦不過此也。」《春秋繁露．俞序篇》曰：「善宋襄公不厄人，不由其道而勝，不如由其道而敗，《春秋》貴之，將以變習俗而成王化也。」又〈王道篇〉曰：「宋襄公曰，不鼓不成列，不阨人，此《春秋》之救文以質也。」《史記・宋微子世家》曰：「太史公曰，襄公既敗于泓，而君子或以為多，傷中國缺禮義，褒之也，宋襄之有禮讓也。」《淮南子・泰族訓》曰：「泓之戰，軍敗君獲，而《春秋》大之，取其不鼓不成列也」。10

宋襄公與楚人戰於泓水，能夠守禮不渝，雖然戰爭失利，而《春秋》不以成敗之判相論，以為襄公在戰爭危疑之中，能夠不忘大禮，甚至以為文王行軍作戰，也不能有逾於此，所以才特別加以稱譽，《春秋》記載此一戰爭，不但記載日期「己巳」，而且特別記載時間「朔」，清晨會戰，正是稱許宋襄公的行事得體，不計小功，所以《公羊傳》也特別對於《春秋》的記「朔」，表示是「正也」，是「得正道」（何休注語）的意義，要之，從關係生死存亡的戰爭行為中，能夠不以成敗去論其優劣，即在此處，最能見出《春秋》的文化理想與禮義精神。

從以上例子，可以見出，楊樹達先生在《春秋大義述》一書之中，歸納所得之《春秋》大義，也都言必有據，信而可徵，佐證確鑿，堅實不移。

㈣微旨之寄寓

10 楊樹達：《春秋大義述》，頁一〇四。

楊樹達先生在日軍侵華、舉國抗戰之際，激於義憤，撰成《春秋大義述》一書，他蒿目時艱，感慨殊深，伏案著書，自然也有不少的微旨與心意，寄託在古人的典籍之中。至於楊樹達先生又是怎樣去表達他那微旨和心意呢？

首先，楊先生之書，在篇目次第的安排和篇目意涵的強調上，去表達其寓寄的微旨，例如以〈榮復讎〉、〈攘夷〉、〈貴死義〉、〈誅叛盜〉等四篇依次置於最前，〈惡戰伐〉、〈重守備〉等篇置於稍後，從篇目次第的安排以及篇目意涵的強調，尤其在抗戰期間，都是容易引起讀者們的愛國觀念。

其次，楊先生以提綱絜領的文字敘說，彰明《春秋》的大義，同時，在彰明的大義中，也傳達了以古鑑今的類似義趣，例如〈榮復讎〉篇中的「國讎不可並立於天下，雖百世可復也」，〈攘夷〉篇中的「春秋嚴夷夏之防，內其國而外諸夏，內諸夏而外夷狄」，〈誅叛盜〉篇中的「人臣挾他國之威以陵脅己國，其罪已大矣」，〈惡戰伐〉篇中的「春秋惟重民也，故惡戰伐」，這些提綱中的《春秋》「大義」，也給讀者們提示了一種是非、邪正、褒貶、取捨的論斷標準，這種論斷標準，讀者們很自然地會應用到眼前的事例上去，而加以論斷。

再次，楊先生之書，在每一條提綱之下，都類聚了許多經傳諸子的「史事」，以佐證該一提綱所彰明的「大義」，在一件件的「史事」的敘述之中，讀者們閱讀該書，很自然地會產生以古喻今、引今證古的聯想，以當前的相似事件，去和古代的「史事」，相互印證比較，從而加以論斷，加以評議。

楊樹達先生撰寫《春秋大義述》一書，有感而發，下筆之際，意有所寄，手下書寫的雖然是古代經典的意義，心中所關切的卻不免是當前的巨變，至於讀者，在抗戰期間，閱讀楊先生之書，感憤國難，從該書的篇目、大義、史事、序文、凡例之中，產生啟發，將古代的事件，與眼前相似的事件，聯類比較，也自然易於感受到楊先生在該書言語文字之外的一些意趣。

舉例言之，清光緒二十年（一八九四），中日甲午戰爭發生，清廷割讓臺灣，民國二十年，九一八事變發生，日本侵佔東北三省，民國二十六年七月七日，蘆溝橋事變發生，日軍侵華行動，全面展開，四十年間，日軍對於我國，步步進逼，肆其暴行，我國軍民同胞，忍辱已久，復讎之志，堅不可拔，楊樹達先生在《春秋大義述》書中，首篇即申論〈榮復讎〉之大義，讀者閱讀該篇，自然易於感受到楊先生激勵士氣、喚醒國魂，以復民族之讎為光榮的言外之意。

又如抗戰軍興，我國英勇將士，奮起抵抗，以劣勢之裝備器械與敵人作殊死之鬥，犧牲壯烈，傷亡無數，高級將領，親冒矢石，取義成仁，如趙登禹、佟麟閣、張自忠者，指不勝屈，楊樹達先生於《春秋大義述》書中第三篇所論〈貴死義〉之大義，讀者閱讀該篇，自然易於感受到書中禮讚抗日陣亡將士的言外之意。

又如《春秋大義述》有〈誅叛盜〉一篇，讀者閱讀該篇，自然易於聯想及殷汝耕、王揖唐、梁鴻志、汪精衛等人之叛偽政權，《春秋大義述》有〈惡戰伐〉一篇，讀者閱讀該篇，自然易於聯想到犧牲已至最後關頭，全民不得不奮起抗敵的處境，《春秋大義述》有〈重守備〉一篇，讀者閱讀該篇，自然易於聯想到國家不能缺乏守衛疆土的武備力量，《春秋大義述》有

〈貴有辭〉一篇，讀者閱讀該篇，自然易於聯想到抗戰時期外交工作之艱困情形。

要之，楊樹達先生《春秋大義述》一書，撰著背景，別有緣由，有所寄寓，事本自然，其主旨雖在彰明《春秋》之大義，也同時盼能激勵國人之心志，因此，讀者若身處抗戰危難之際，閱讀其書，必更能以古史今事，相似之處，類推比較，得到楊書言外的旨趣，從而激發愛國的情操。

三、結語

綜合前文所述，約略可得結語如下：

1. 楊樹達先生本以研治金石甲骨語言文字之學，成就卓著，享譽士林，但是，楊先生十三歲時，曾經就讀於長沙時務學堂，受業於梁啟超，後來，又曾從平江蘇輿，學習《春秋繁露》，梁氏蘇氏，為學路徑，雖不相同，但都精於《春秋》之學，因此，及至抗戰時期，國難當頭，激於義憤，乃毅然輟捨舊業，轉而探究《春秋》，抒發大義，寄寓微旨，用以鼓舞民心，激勵士氣，自然是一種愛國的行為與可貴的情操。

2. 楊樹達先生《春秋大義述》一書，在篇目的名稱與次第的安排上，即已表現了與時代的緊密關係，在《春秋》大義的彰顯上，他則以撰寫提綱的方式，去加以表達，在論斷的依據方面，他則採取歸納的方法，將《春秋》經傳中的史事敘述與有關的評論意見，類聚一處，從而提出極為堅確的論斷。因此，即就《春秋》一經本身的研究而言，楊先生研究的成果，也是極為客觀而可憑信。

3. 楊樹達先生身處民族危亡之際，撰寫《春秋大義述》一書，當時的讀者們，置身國家艱困之時，閱讀楊先生之書，以古鑑今，以今喻古，很自然地會從該書的篇目、大義、史事、序文、凡例之中，感受到是非邪正的論斷標準，激勵出同仇敵愾的奮發力量，從而產生愛國的情操。

參、將國家導向自由之路——馮友蘭《新事論》探微

一、引言

馮友蘭（一八九五～一九九〇）字芝生，河南唐河人，北京大學畢業後，赴美國哥倫比亞大學攻讀哲學，民國十三年（一九二四），獲得博士學位。民國十五年（一九二六），任燕京大學教授，民國十七年（一九二八），任清華大學教授，民國二十年（一九三一），所著《中國哲學史》上卷，由上海神州國光社出版。民國二十五年（一九三四），《中國哲學史》上下兩卷，由商務印書館出版。

民國二十六年（一九三七），蘆溝橋事變發生，馮先生與清華大學師生南遷，先至湖南長沙，再遷雲南昆明，出任西南聯合大學文學院院長。

民國二十八年（一九三九），馮先生出版《新理學》，民國二十九年（一九四〇），出版《新事論》、《新世訓》，馮先生合稱之為《貞元三書》，民國三十二年（一九四三），出版《新原人》，民國三十四年（一九四五），出版《新原道》，民國三十五年（一九四六），出版《新知言》，馮先生合此六者，稱之為「貞元六書」，取貞下起元之際所著書之意義。民國三十七年（一九四八），馮先生當選中央研究院第一屆院士。

馮先生的成名著作是《中國哲學史》上下卷，用馮先生自己的話來說，《中國哲學史》是他「照著講」的書，是他客觀地敘述古代哲學歷史沿革的著作，而在抗戰時期寫成的《新理學》，則是「接著講」的書，是他主觀地抒發自己一家之言的系統哲學。

《新理學》是馮先生新哲學的形上原理所在，而《新事論》則是將《新理學》的原理，應用到當前實際事務上所當採取的態度。

《新世訓》主要講述新時代人們的生活方法及態度。

《新原人》則是分析人生在世所可能達至的境界，包括自然境界、功利境界、道德境界、天地境界等四種境界。

《新原道》則將中國哲學史上九種主要的流派，孔孟、楊墨、名家、老莊、易庸、漢儒、玄學、禪宗、道家，依次加以新的論斷，最後並加上自己的《新理學》，稱之為新統，共列為十家，承先啟後，以見《新理學》在中國哲學中的地位，馮先生當然有著自負的成分在內。

《新知言》則是講述《新理學》的哲學方法，以見《新理學》在哲學著作中的地位。

馮先生在《新世訓》的〈自序〉中說：「承百代之流，而會乎當今之變，好學深思之士，心知其故，烏能已於言哉！事變以來，已寫三書，曰《新理學》，講純粹哲學。曰《新事論》，談文化社會問題。曰《新世訓》，論生活方法，即此書也。書雖三分，義則一貫，所謂天人之際，內聖外王之道也。合名曰《貞元三書》，貞元者，紀時也。當我國家民族復興之際，所謂貞下起元之時也。我國民族方建震古爍今之大業，譬之築室，此三書者，或能為其壁間之一磚一石歟！」又在《新原人》一書的〈自序〉中說：「為天地立心，為生民立命，為往聖繼絕學，為萬世開太平。此哲學家所應自期許者也。況我國家民族，值貞元之會，當絕續之交，通天人之際，達古今之變，明內聖外王之道者，豈可不盡所欲言，以為我國家致太平，我億兆安心立命之用乎？」。可見馮先生撰寫《貞元六書》的時代背景與所秉持的抱負。

馮先生的《新事論》一書，是《貞元六書》中，反映抗日戰爭，人民艱苦，關係最為密切的一部書。以下，即就《新事論》一書，探究馮先生對抗戰的一些觀點。

二、探微

馮友蘭先生在《新事論》一書的〈自序〉中說：

自中日戰起，隨學校南來，在南岳寫成《新理學》一書，此書序中有云：「此書雖不著實際，而當前有許多實際問題，其解決與此書所論，不無關係。」此書成後，事變益亟，因另寫一書，以討論當前許多實際問題，名曰《新事論》，事者對理而言，論者對學而言。講理者謂之理學，說事者謂之事論，對《新理學》而言，故曰《新事論》，為標明此書宗旨，故又名曰《中國到自由之路》。二十七年為北京大學成立四十週年，同學諸子謀出刊物，以為紀念。此書所追論清末民初時代之思想，多與北大有關係者，謹即以此，為北大壽。1

是則此書乃針對抗戰時期當前實際事務而提出意見之作品，它的目的，則是希望引導中國而登進於自由的境地。

馮先生在《新事論》一書之中，所討論的，大約有三項重點，一是對傳統文化的客觀了解，二是對現代化的正確追求，三是對抗戰必勝的堅定信心。分別敘述如下。

(一)對傳統文化的客觀了解

馮先生在《新事論》一書的〈原忠孝〉篇中，曾經舉出《孟子》書中的一個例子，他說：

有人問孟子「舜有天下，皋陶為士，瞽瞍殺人，則若之何？」孟子說：「竊負而逃，遵海濱而處，終身欣然樂，而忘天下。」這亦是說，一箇人的事親，如與其所任家以外底職務有最嚴重底衝突的時候，則可以辭去其職務，而顧全其親。……因為如果瞽瞍殺人，而皋陶為士，則皋陶必是「鐵面無私」，把瞽瞍定成死罪。舜不但不能救，而並且須於判決書畫上「准」字「閱」字「行」字之類。這實在是舜所難辦底。[2]

馮先生以為，孟子替大舜設想的辦法，其實是「從以家為本位的道德立場」來看問題的，因為，「照以家為本位底社會制度，一箇人是他的家的人。他在他的家以外擔任職務，是替別家辦事。在朝作官，是替皇家辦事，皇家亦是別家也。所以若在平常情形下。人固然須先國後家，移孝作忠，但如因替別人作事，而致其父母於死地，則仍以急流勇退，謝絕別人之約，還其自由之身，而顧全其父母。在以家為本位底社會中這是說得通底。在此類底社會中，人本是以家為本位底。」[3]但是，孟子的辦法，如果不從「以家為本位的道德立場」來看問題，就很難行得通了，因為「在以社會為本位底社會中，以社會為本位底生產方法衝破家的壁壘。在此等社會中雖仍有所謂家者，但此所謂家，已不是經濟單位，所以其社會底意義，與以家為本位底社會中所謂家大不相同。在以社會為本位底社會中，人在經濟上，與社會融為一體，其全部

1 馮友蘭：《新事論》，（商務印書館，民國二十九年）頁一。
2 馮友蘭：《新事論》，頁八十二。
3 馮友蘭：《新事論》，頁八十三。

底生活，亦與社會融為一體。在此等社會中，家已不是社會組織的基本，所以在此等社會中，人亦不以鞏固家的組織為其第一義務。或亦可說，在此等社會中，作為經濟單位底家的組織，已不存在，所以亦無可鞏固了。在此等社會中，人自然不以孝為百行先。這並不是說，在此等社會中，人可以『打爹罵娘。』這不過是說在此等社會中，孝雖亦是一種道德，而只是一種道德，並不是一切道德的中心及根本。」4

因此，在以家為本位的社會中，人們有他們自己行為的理則，而在以社會為本位的社會中，人們也有他們自己行為的理則。兩種行為的原理和實施的準則，不能混同使用。

由於分別兩種社會道德觀點，馮先生也針對民國初年推行的新文化運動，提出了他的批評，他說：

> 民初人要打倒孔家店，打倒「吃人底禮教」，對於孝特別攻擊。有人將「萬惡淫為首」改為萬惡孝為首。他們以為孔家店的人，大概都是特別愚昧底。他們不知道，人是社會的份子，而只將人作為家的份子。孔家店的人又大概都是特別殘酷不講人道底。他們隨意定出了許多規矩，叫人照行，以至許多人為這些規矩犧牲。此即所謂「吃人底禮教」，當成一種社會現象，看民初人這種見解，是中國社會轉變在某一階段內，所應有底現象。但若當成一種思想看，民初人此種見解，是極錯誤底。5

又說：

> 民初人以為孔子朱子等特別殘酷，不講人道。程伊川說「餓死事小，失節事大」。民初人對於這一類底話都覺得異常底不合他們的口味。他們以為，說寡婦必須守節，已經是錯誤底了，而又說，一個寡婦寧可餓死，亦不可失節，這是更錯誤底。他們以為自有伊川此話以來，不知有許多人因此而死，不知有許多人為此種禮教所「吃」。他們以為，人的大欲是求生，而所謂「吃人底禮教」，卻束縛著人，讓他不能舒舒服服，痛痛快快地生。在有些情形下，「吃人底禮教」不但不叫人生，而且只叫人死，他們很喜歡戴東原的一句話：「以法殺人，尚有惜之者，以理殺人，人孰惜之？」他們以為孔子朱子等，都是以理殺人，以禮殺人者。所以他們以為孔子朱子等，都是特別殘酷，不講人道者。6

針對民國初年，社會上反孔反禮教的一些過分激烈的言論，馮先生提出了他的反駁。他所

4 馮友蘭：《新事論》，頁八十五。
5 馮友蘭：《新事論》，頁八十八。
6 馮友蘭：《新事論》，頁九十一。

謂的民初人，自然是指以陳獨秀、胡適、吳虞等人為代表的西化派。馮先生又說：

照民初人的看法，舊日的一套制度，一套道德，所謂禮教者，都是幾箇愚昧無知底人，如孔子，朱子等，憑著他們的空想或偏見，坐在書桌前，所用筆寫下叫人遵行者。他們已竟是錯誤了，往日大多數底人，偏偏又都是愚昧無知，冥頑不靈都跟著孔子朱子，一直錯誤下去，雖自己受苦受罪以至於為此等「禮教」所「吃」而不悔。直到民初，人方纔「覺悟」了，人方纔反抗了，人方纔知孔家店之必需打倒，「吃人底禮教」之必須廢除。民初人自以為是了不得底聰明，但他們的自以為了不得底聰明，實在是他們的了不得底愚昧。他們不知人若只有某種生產工具，人只能用某種生產方法；用某種生產方法，只能有某種社會制度；有某種社會制度，只能有某種道德。在以家為本位底社會中，孝當然是一切道德的中心及根本。這都是不得不然，而並不是某某幾箇人所能隨意規定者。若譏笑孔子朱子問他們為什麼講他們的一套禮教，而不講民初人所講者，正如譏笑孔子朱子，問他們為什麼走路坐馬車轎子，而不知坐飛機。孔子朱子為什麼不知坐飛機？最簡單答案是：因為那時候沒有飛機。7

又說：

說人寧可餓死，不可失節，照民初人的簡單底看法，此話不但迂腐得可憐，而且殘酷得可恨。他們不知，若果某一道德是某種社會的最大底道德，則某種社會中底人，當然以為，此道德是雖死亦須守底。[8]

又說：

民初人不知，亦不問，孔子朱子等何以叫人犧牲，而只見其叫人犧牲，即以為他們殘酷不講人道。此是民初人的錯誤。民初人另外還有一種錯誤底見解。凡舊日人的道德行為，不合乎民初人所想像底道德標準者，民初人即認為沒有道德底價值，或其道德底價值必需打折扣。例如民初人以為舊日底忠臣節婦，皆是為一姓奴隸，為一人犧牲，所以其行為沒有多大底道德價值。民初人這種見解，是完全錯誤底。一種社會中底人的行為，只可以其社會道德標準批評之。如其行為，照其社會的道德標準，是道德底，則即永遠是道德底。此猶如下象棋者，其棋之高低，只可以象棋的規矩批評之，不可以圍棋

7 馮友蘭：《新事論》，頁九十。
8 馮友蘭：《新事論》，頁九十二。

的規矩批評之。9

西化派，新文化運動者，只知道一味地反傳統，以打倒傳統打倒孔家店為進步，卻不曾深思古代社會的背景，不深思形成舊道德的社會原因。馮先生也曾出洋留學，卻不盲目地西化，而能中肯地省視舊文化。

(二)對現代化的正確追求

馮友蘭先生在《新事論》的〈別共殊〉篇中，提到近數年來，對於未來社會的發展，有主張全盤西化論者，有主張部分西化論者，有主張中國本位文化論者，馮先生說：

如所謂西洋文化是指一特殊底文化，則所謂全盤西化者，必須將中國文化之一特殊底文化完全變為西洋文化之一特殊底文化。如果如此，則必須中國人俱說洋話，俱穿洋服，俱信天主教或基督教等等，此是說不通，亦行不通底。主張全盤西化論者，實亦不主張此。但若其不主張此，則他所主張即與部分西化論者無異。10

他以為，要中國人全說洋話，全穿洋服，全信洋教，既不可能，則全盤西化，自然不能實行。至於部分西化，也有爭議，馮先生說：

但如所謂西洋文化是指一特殊底文化，則主張部分西化論者，亦是說不通，行不通底，因為如以西洋文化為一特殊底文化而觀之，則西洋文化是一五光十色底「全牛」，在此五光十色中，我們不能說出，指出，何為主要底性質，何為偶然底性質。如此不能說出，指出，則所謂部分西化論者，將取西洋文化中之何部分以「化」中國？科學家說，西洋之科學，是中國所應取來者，傳教師說，西洋之宗教，是中國所應取來者。無論如何說，如果以所謂西洋文化為一特殊底文化而觀之，其說總是武斷底。11

如果部分西化，則不同的國人，所取於西方的文化，必然不同，不同職業，想取於西方的文化，也必然不同，難以統合。至於中國本位文化論，馮先生說：

照他們的說法，中國文化中有當存者，有當去者，我們應存其所當存，去其所當去。他們亦不完全反對西化，西洋文化中有，有可取而為中國所當取者，他們亦主張取之。但如果以西洋文化為一特殊底文化而觀之，則其五光十色中，何者是可取而當取者？即就

9　馮友蘭：《新事論》，頁九十三。
10　馮友蘭：《新事論》，頁十二。
11　馮友蘭：《新事論》，頁十二。

中國文化說，如果以中國文化為一特殊底文化而觀之，則所謂中國文化亦有一五光十色底「全牛」。於此五光十色中，我們不能分出，何者是其主要底性質，何者是其偶然底性質。如此我們亦不能說，其中何者是當存，何者是當去。有人說，中國的文言文，是當存者。有人說，中國的舊道德，是當存者。但無論如何說，如果以所謂中國文化為一特殊底文化而觀之，其說總是武斷底。12

因此，即使是中國本位論者，他們的說法，也都不能使人信服。因此，馮先生說：

有一比較清楚說法；持此說法者說，一般人所謂西洋文化者，實是指近代或現代文化。所謂西洋文化之所以是優越底，並不是因為他是西洋底，而是因為他是近代或現代底。這一種說法，自然是比籠統地說所謂西洋文化者通得多。有人說西洋文化是汽車文化，中國文化是洋車文化。但汽車亦並不是西洋本有底。有汽車與無汽車，乃古今之分，非中西之異也。一般人心目所有之中西之分，大部分都是古今之異。所以以近代文化或現代文化指一般人所謂西洋文化，是通得多。所以近來近代文化或現代文化一名，已漸取西洋文化之名而代之。從前人常說我們要西洋化，現在人常說我們要近代化或現代化。這並不是專是名詞上改變，這表示近來人的一種見解上底改變。這表示，一般人已漸覺得以前所謂西洋文化之所以是優越底，並不是因為他是西洋底，而是因為他是近代底或現代底。我們近百年來之所以到處吃虧，並不是因為我們的文化是中國底，而是因為我們的文化是中古底。這一個覺悟是很大底。即專就名詞說，近代化或現代化之名，比西洋化之名，實亦較不含混。13

馮先生提出，一般人心目中之有中西之分，其實大部分都是古今之分，西方之所以優越，是他已經走向現代化，中國之所以落後，是我們還停留在古代，因此，他主張不用西化，而用近代化，最好是走上現代化。

在現代化中，馮先生主張，政治制度，經濟發展，應該學習西方的長處，但是，在文學和藝術方面，則中國有自己的特色，而不必仰賴西方的文化，馮先生在〈評藝文〉篇中說：

清末人常用「體」「用」二觀念以談文化，我們於此，可用「文」「質」二觀念，以說明我們的意思。一個社會的生產方法，經濟制度，以及社會制度等，是質。牠的藝術、文學等，是文。用上所舉之例說，一個建築所用底建築材料是質，一個建築所取底式樣是文。文是關於花樣底不同。從關於質底類的觀點看，文是不主要底。但從一箇體，一

12 馮友蘭：《新事論》，頁十三。
13 馮友蘭：《新事論》，頁十三。

社會，一民族的觀點看，文卻是重要底。14

馮先生所謂的「文」，是指外在的風格和形式，所謂的「質」，是指內在的材料和結構。例如，建築物的材料是木材或是鋼筋水泥，這是「質」，建築物是紅牆碧瓦或是高樓大廈，便是「文」。強調「質」可變，而「文」不可變，這便是藝術文學要保持自己的風格和面貌。因此，馮先生以為，「我們還可有中國式底建築，牠還能使人感覺到端正、莊嚴、靜穆、和平，但卻是鋼骨洋灰造成底，裡面有電燈、有汽管，這即是新中國的象徵。在新中國裡，有鐵路、有工廠、有槍砲，但中國人仍穿中國衣服，吃中國飯，說中國話，唱中國歌，畫中國畫。」15 因此，「一個民族必須寶貴他自己底文學藝術」，因此，這是中國「現代化」而非「全盤西化」。

㈢對抗戰必勝的堅定信心

馮先生在〈辨城鄉〉一篇中，談到城市和鄉村的區別，城市代表現代，代表富庶，鄉下代表落後，代表貧窮，他以為，中國自周秦以來，對於四圍別的民族，向來是處在城裡人的地位。中國向來是城裡，四圍別的地方向來是鄉下。這便是傳統的夷夏之別。在清末以前的歷史中，我們中國人即是城裡人。

但是，中國人的城裡人資格保持了一兩千來，到了清末，中國人遇見了一個空前的變局。

中國人本來是城裡人，到此時忽然變成為鄉下人了。因此，在現實的世界中，英美西歐是城裡，是城裡人，其餘別的地方大部分是鄉下，是鄉下人。城裡人是智者、富者、強者。鄉下人是愚者、貧者、弱者。馮先生對二十世紀初葉的中國，比喻已經十分清楚。因此，對於中國來說，現在最重要的，尤其是在面臨日本侵略的時候。

馮先生在〈論抗建〉篇中說：

> 在清末民初，中國人的殖民地人的心理，可以從言語裡看出來。例如西菜初本稱為番菜，到後來則稱為大菜。清中葉以前，中國人本以西洋人為夷狄，所以稱其菜為番菜。到後來由鄙視西洋人，改為恐懼西洋人，由恐懼西洋人，改為崇拜西洋人。到崇拜西洋人的時候，番菜即成為大菜了。中國人本以西洋人為野蠻，到後來則以西洋人為文明，而自居為野蠻。所以在清末民初，凡西洋底東西，俱可以文明二字加之。如話劇稱為文明戲，手杖稱為文明棍，行新式婚禮稱為文明結婚。又如長江及沿海輪船，其頭等稱大菜間，二等稱官艙，三等稱房艙。這些名稱表示當時，「百姓怕官，官怕洋人」的心理。以上所說，各名稱，所表現底心理，都是殖民地人的心理。

14 馮友蘭：《新事論》，頁一四〇。

15 馮友蘭：《新事論》，頁一四〇。

又說：

> 在以前，中國大多數人所認為最有希望底事是晉京趕考，最光榮底成就是狀元及第。到清末民初，中國大多數人所認為最有希望底事是出洋留學，最光榮底成就是博士回國，在以前，中國受過教育底人常引「孔子曰」，以作為他的言論的根據。凡是只是孔子所以為是底，一定沒錯。清末民初，中國受過教育底人常引「某國某教授曰」，以為他的言論的根據，凡是只是要某國某教授以為是底，一定也沒錯，在以前中國受過教育底人，說話總要夾雜些文言，以表示他是「喝過墨水」，在清末民初，受過教育底人，說話總要夾雜些外國語，表示他「吃過麵包」。這些情形所表現底心理，都是殖民地人的心理。16

馮先生以為，在現代的世界裡，中國的地位是半殖民地，或是次殖民地的地位。這樣的地位，一直維持到清末民初。但是，從那之後，「中國的地位是一天一天在改善之中」。他說：

> 這些情形，近二十年來，漸漸地改變了。我們不說西餐是蕃菜，也不說它是大菜，我們直說它是西餐而已。我們不說手杖是打狗棍，也不說它是文明棍，我們直說它是手杖而已。這些地方，表現我們對於西洋既不鄙視亦不崇拜。我們對於西洋的東西，只如其實

以稱之。我們在國內各地旅行，看見頭等車上，滿坐些中國人，而這些中國人，昂然坐在沙發上，居之不疑，毫無自慚形穢底樣子。這是一個很大底改變。這一方面證明中國人的財力，大有增加，一方面證明中國人的心理亦大有改變。

又說：

> 無論在什麼方面，近二十年來，中國都有很大底進步。無論在什麼方面，我們在現在返看清末民初時候的情形，都有如同隔世之感。關於這些，在我們這篇短文裡，我們亦不能一一舉例說明。我們只可概括地說：在近代，中國的厄運，至清末民初而極。我們現在底時代，是中國復興的時代，而不是中國衰落的時代。[17]

因此，馮先生以為，「近五十年來的中國活動，其主要底趨勢，是從鄉下變為城裡，從半殖民底地位恢復以前東亞主人的地位」，因為，「在歷史上，在地理上，或在文化上，無論就

16 馮友蘭：《新事論》，頁一九六。

17 馮友蘭：《新事論》，頁一九八。

那一方面說，中國本來是東亞的主人」，[18]日本在歷史上較中國早一些成為城裡人，日本為了保持他城裡人的地位，自然不允許中國也從鄉下人變為城裡人，才好讓他獨享東亞城裡人的一切好處，這是中日戰爭的基本原因。但是，日本已經是城裡人，而中國還在由鄉下人向城裡人蛻變，因此，中日兩國的這次戰爭，基本上是不平等的戰爭，馮先生說：

有些人看這次中日戰爭，總不知不覺地，用看兩個平等國家的戰爭底看法。有些人雖知在這次中日戰爭中，中日兩國的力量是不平等底，但以為所謂不平等者，不過是中國的飛機大礮少，日本的飛機大礮多等等。在這些方面，中日的力量，固然是不平等，但這些不平等，尚是支節底。中日根本上底不平等，是日本是個城裡人底國家，中國是個鄉下人底國家。從城裡人的觀點看來，鄉下人想變為城裡人，等於想造反。從日本人的觀點看來，中國近來底進步，即是中國造反的「逆跡昭著」，他派兵來，只是「掃蕩」這些造反底人，而並不是與一敵國作正式底戰爭。所以他不說這次戰爭是中日戰爭或日支戰爭，而說這是「中國事件」。這固然是日本的狂妄，但這狂妄也是一種事實的反映，我們也常說「抗」戰「抗」戰，我們常說我們這次「抗」戰有革命的性質。這些話也是一種事實的反映。抗有以下違上的意思。鄉下人與城裡人爭執起來，在經濟上城裡人是上，鄉下人是下。戰而曰抗，則其不是兩平等底國家的戰爭可知矣。革命與造反，本是一件事的兩個名字。被壓迫者反抗壓迫者，自壓迫者的觀點說，這是造反。自被壓迫者的觀點說，這是革命。19

中日兩國的這次戰爭，雖然是不平等的戰爭，但是，馮先生對於我國能夠獲得最終的勝利，卻是充滿了堅定的信心，因為，他說：

回看清末民初時候底中國，因為自這個時候以後，中國的地位是一天一天在改善之中。現在中國與日本打仗，是中國在近代處境最危底時候，但不是中國在近代地位最劣底時候，中國在近代最劣的時候，已經在二十年前過去了。我們的時代是中國中興的時代，而不是中國衰亡的時代。舊說「否極泰來」，在近代，中國否極的時候是在清末民初，現在已是泰來的時候了。20

由於國家實力的增長，時機的把握正確，對我國有利，加上戰略運用的適當，馮先生在他的書中，對於堅持抗戰的勝利，是充滿著信心的。他以為，「這一次打仗，對日本是遲了五

18 馮友蘭：《新事論》，頁二〇一。
19 馮友蘭：《新事論》，頁二〇四。
20 馮友蘭：《新事論》，頁一九四。

年，對中國是早了五年。對中國早了五年，所以我們不能不忍痛後退。對日本遲了五年，所以他不能不速戰速決。不過無論如何，在現在底局面下，這個戰爭是中國進步中間所必經底一個階段，必過底一關。」[21] 因為中國國土廣大，是弱國，日本是國土狹小，卻是強國，日本利於速戰速決，中國利於以空間換取時間，利於持久戰。另外，日本若提早五年十年發動戰爭，中國還在民初貧弱作鄉下人的時候，那時，中國更無抵抗的力量，而在現代，中國國力最衰弱的時代已經過去，正是邁向城裡人的階段，日本想要使中國屈服，更是難上加難了。話雖如此，面對日本強大殘酷的軍勢力量，馮先生勉勵國人說：

> 明白了這次戰爭的真正性質，我們即可以明白，這次底戰爭為什麼是不可避免底，為什麼是中國進步的一個必經底階段，一個必過底關。知其是必過底關，則即非往前闖不可。闖過也闖；闖不過也要闖。因為往前闖有闖過底希望，即使萬一闖不過，其結果也不過與不闖一樣。[22]

馮先生的話語，充滿著火一般的熱情，鼓舞著國人奮發地去抵抗敵人的侵略。

同時，這一次中國和日本的戰爭，對中國來說，不僅僅只是抗戰，更加是建國工作的開始，馮先生說：

有一個人畫了一幅諷刺畫。畫中有一道大河。河上有一條獨木橋。橋上有許多人從一邊往另一邊走。橋下有許多像所謂魔鬼者流，抓著每一個過橋底人的腿，用力往下扯。橋上每一個人，都正在一面過橋，一面努力與魔鬼爭鬪，同時河裡面也漂流些落下橋底人的死屍。這幅畫旁邊註說「這就是人生」。這實在就是人生。一個人就是這樣活下去底。一個國家，一個民族，也就是這樣活下去底。那個獨木橋，總是走不完底。無論是一個人，或一個國家，一個民族，只要是在活底時候，即是在走獨木橋與魔鬼爭鬪的時候。小說上有一句話是：「且戰且走」，一面與魔鬼爭鬪，一面過橋底人，亦正是「且戰且走」。不過這走不是向後走，而是向前走而已。中國現在一面抗戰，一面建國，亦正是這一種底且戰且走。23

馮先生以為，魔鬼固然可惡，獨木橋本身也不容易過去，但是，馮先生鼓勵國人，先哲常說：人是「生於憂患，死於安樂」的，中華民族四千年的生存，就是靠這種「且戰且走」的奮門精神所維持所形成的。他的勗勉，使走在抗戰建國途徑上的國人，受到了無限的激勵和奮昂。

21 馮友蘭：《新事論》，頁二〇三。
22 馮友蘭：《新事論》，頁二〇五。
23 馮友蘭：《新事論》，頁二〇七。

三、結語

八年抗戰，是神州大地亘古未有的巨變，無數平民百姓，青年學生，由北方向大西南遷徙飄泊，而北大、清華、南開三所大學的師生眷屬南遷避寇，在雲南昆明組成西南聯合大學，更是教育史上前所未有的大事。

西南聯大由北大校長蔣夢麟、清華校長梅貽琦、南開校長張伯苓組成校務委員會，共同管理，但三位校長經常前往陪都重慶洽商公務，馮友蘭時任聯大文學院長，實際負責聯大許許多多教學、校務、人事方面的事務，鼎力奉獻。

三所大學的教師、學生、眷屬，分別南遷，跋涉萬里，費時數月，艱辛備嘗的情形，從當時聯大的校歌之中，可以窺見一斑。

萬里長征，辭卻了、五朝宮闕。暫駐足，衡山湘水，又成離別。絕徼移栽楨干質，九州遍洒黎元血。盡笳吹、弦誦在山城，情彌切。　千秋耻，終當雪。中興業，需人傑。便一成三戶，壯懷難折。多難殷憂新國運，動心忍性希前哲。待驅除仇寇、復神京，還燕碣。

歌詞中敘述了聯大師生播遷的艱苦，學子們弦誦不輟的精神，對於未來前途的期待，歌詞的作者為馮友蘭先生，是調寄「滿江紅」的填詞。

西南聯合大學在昆明前後八年期間，培養了三千多位優秀的畢業學生，也為了響應政府的號召，而為國家增加了八百多位從軍的勇士。師生們的奮鬥，都是報效國家的正義行為。

馮先生在《新事論》中，分析中國人的民族性，不僅有著儒家墨家的嚴肅，也有著道家的超脫，中國人的民族性，既嚴肅又超脫，所以能夠面對艱巨而無所畏懼，勇於承擔。

馮先生在書中更加鼓勵國人，要「且戰且走」，要一邊抗戰，一邊建國，從而締造一個在任何方面都比其他國家毫不遜色的新國家。他的激勵，深深地感動著愛好自由的國人，從而將國家導向自由的道路。

四、附　錄

抗戰勝利，西南聯大任務結束，三校分別北返，聯大曾經舉行向雲南各界的惜別會，並且樹立了西南聯大紀念碑，由「文學院院長馮友蘭撰文，中國文學系教授聞一多篆額，中國文學系主任羅庸書丹」，碑的背面刻著從軍的聯大學生名單。

紀念碑文頗能彰明我國抗日戰爭在國史上的特殊意義，謹附錄於后，以供參閱。

中華民國三十四年九月九日，我國家受日本之降於南京。上距二十六年七月七日蘆溝橋之變，為時八年；再上距二十年九月十八日瀋陽之變，為時十四年；再上距清甲午之役，為時五十一年。舉凡五十年間，日本所鯨吞蠶食於我國家者，至於悉備圖籍獻還。全勝之局，秦漢以來，所未有也。國立北京大學、國立清華大學，原設北平；私立南開大學，原設天津。自瀋陽之變，我國家之權威逐漸南移，惟以文化力量，與日本爭持於平津，此三校實為其中堅。二十六年，平津失守，三校奉命遷於湖南，合組為國立長沙臨時大學，以三校校長蔣夢麟、梅貽琦、張伯苓為常務委員，主持校務，設法、理、工學院於長沙，文學院於南嶽，於十一月一日開始上課。迨京滬失守，武漢震動，臨時大學又奉命遷雲南。師生徒步經貴州，於二十七年四月二十六日抵昆明。旋奉命改名為國立西南聯合大學，設理、工學院於昆明，文、法學院於蒙自，於五月四日開始上課。一學期後，文、法學院亦遷昆明。二十七年，增設師範學院。二十九年，設分校於四川敘永，一學年後，併於本校。昆明本為後方名城，自日軍入安南、陷緬甸，又成後方（當作「前方」——馮注）重鎮。聯合大學支持其間，先後畢業學生二千餘人，從軍旅者八百餘人。河山既復，日月重光，聯合大學之戰時使命既成，奉命於三十五年五月四日結束。原有三校，即將返故居，復舊業。緬維八年支持之苦辛，與夫三校合作之協和，可紀念者，蓋有四焉。我國家以世界之古國，居東亞之天府，本應紹漢唐之遺烈，作並世之先進。將來建國完成，必於世界歷史，居獨特之地位。蓋並世列強，雖新而不古；希臘、羅馬，有古而無今。惟我國家，亘古亘今，亦新亦舊，斯所謂「周雖舊邦，其命維新」者也。曠代之偉業，八年之抗戰，已開其規模，立其基礎。今日之勝利，於我國家有旋乾轉坤之功，而聯合大學之使命，與抗戰相終始。此其可紀念者一也。文人相輕，自古而然，昔人所言，今有同慨。三校有不同之歷史，各異之學風，八年之久，合作無間。同無妨異，異不害同；五色交輝，相得益彰；八音合奏，終和且平。此其可紀念者二也。萬物並育而不相害，道並行而不相悖，小德川流，大德敦化，此天地之所以為大。斯雖先民之恒言，實為民主之真諦。聯合大學以其兼容並包之精神，轉移社會一時之風氣，內樹學術自由之規模，外來「民主堡壘」之稱號，違千夫之諾諾，作一士之諤諤。此其可紀念者三也。稽之往史，我民族若不能立足於中原，偏安江表，稱曰南渡。南渡之人，未有能北返者：晉人南渡，其例一也；宋人南渡，其例二也；明人南渡，其例三也。「風景不殊」，晉人之深悲；「還我河山」，宋人之虛願。吾人為第四次之南渡，乃能於不十年間，收恢復之全功。庾信不哀江南，杜甫喜收薊北。此其可紀念者四也。聯合大學初定校歌，其辭始嘆南遷流離之苦辛，中頌師生不屈之壯志，終寄最後勝利之期望。校以今日之成功，歷歷不爽，若合符契。聯合大學之始終，豈非一代之盛事，曠百世而難遇者哉！爰就歌辭，勒為碑銘，銘曰：

痛南渡，辭宮闕。駐衡湘，又離別。更長征，經嶢嶕。望中原，遍洒血。抵絕徼，繼講說。詩書喪，猶有舌。盡笳吹，情彌切，千秋恥，終已雪。見仇寇，如烟滅。起朔北，迄南越，視金甌，已無缺。大一統，無傾折。中興業，繼往烈。維三校，兄弟列，為一體，如膠結，同艱難，共歡悅，聯合竟，使命徹，神京復，還燕碣。以此石，像堅節，紀嘉慶，告來哲。

肆、在漫天戰火中論國史週期——雷海宗《中國文化與中國的兵》探微

一、引　言

雷海宗（一九〇二～一九六二）字伯倫，河北永清人。民國八年（一九一九）進入清華學校高等科。民國十一年（一九二二）赴美，進入芝加哥大學主修歷史，副修哲學。民國十六年（一九二七），獲得博士學位，回國後，歷任中央大學，金陵女子大學副教授、教授，民國二十一年（一九三二），任清華大學教授。

雷先生博聞強記，學貫中西，精通多種外語，擅長以西方史學方法研究中國歷史，其史學觀受德國史學家史賓格勒之影響甚深，倡言歷史循環論，主張歷史發展的週期學說。抗戰時期，雷先生隨清華師生南遷，任教於西南聯合大學，民國二十九年（一九四〇），出版《中國文

化與中國的兵》，極受學術界重視。

雷海宗先生的《中國文化與中國的兵》一書，出版於民國二十九年（一九四〇），分為上下兩編，上編的「總論」，是「傳統文化之評價」，上編收有五篇論文，第一篇是〈中國的兵〉、第二篇是〈中國的家族〉、第三篇是〈中國的元首〉、第四篇是〈無兵的文化〉、第五篇是〈中國文化的兩週〉。前三篇由三個不同的方向探討秦漢以上的中國，屬於「動的中國」。第四篇專講秦漢以下的中國，屬於「比較靜止的中國」。第五篇合論「整個的中國歷史」。

在上編的「總論」中，雷先生說道：「此次抗戰，是抗戰而又建國。若要創造新生，對於舊文化的長處與短處，尤其是短處，我們必須先行了解。中國文化，頭緒紛繁，絕非一人所能徹底解明。這幾篇文字，若能使國人對於傳統的中國多一分的明瞭，著者的目的就算達到了。」1

《中國文化與中國的兵》下編的「總論」，是「抗戰建國中的中國」，下編收有兩篇論文，第六篇〈此次抗戰在歷史上的地位〉、第七篇〈建國—在望的第三週文化〉。

在〈下篇〉的「總論」中，雷先生說道：「上編的幾篇文字，都是抗戰前發表的，是著者對於傳統文化的認識與批評。抗戰開始以後，著者對中國文化的意義雖不免有新的探討，舊日的見解大體上卻未變更。但前此的注意力集中於傳統文化的弱點，對於中華民族的堅強生力，只略為提及，並未特闢一篇去解釋，因為誇大的文章歷來很多，無需再加一人去湊熱鬧。但抗戰開始以後，這種緘默已不能繼續維持了。〈此次抗戰在歷史上的地位〉一文，就是抗戰半年後，著者於二十七年元旦後一星期所作。主題是解釋此次抗戰的意義與士兵之所以英勇；若與上編〈中國的家族〉一篇互相參照，就可明白此次的驚人抗戰絕非偶然，乃是二千年前大漢帝國人口政策的成功與二千年來南方新天地的建設所賜與的。這兩個特殊情形，是我們在所有的古老民族中所獨有的；也是我們雖老而仍富有朝氣的基本原因。」[2]

除了強調此次抗戰的意義，以及士兵在戰場上表現的英勇，雷先生也強調此次國人所表現的驚人的英勇抗戰，乃是中華民族所累積的人口政策與南方國土的建設，所帶來的成果。另外，雷先生雖然也對於疏散在後方的一些知識分子的怯懦態度，表示不滿，但是，仍然認為「前途是光明的」，「建國運動雖非三年五載的簡易事業，但不久的未來必能成功。〈在望的第三週文化〉一篇中的意見，就是著者對於前途的希望與信仰。」[3]

二、探　微

1 雷海宗：《中國文化與中國的兵》，（臺北，里仁書局，一九八四年）頁一。

2 雷海宗：《中國文化與中國的兵》，頁一七三。

3 雷海宗：《中國文化與中國的兵》，頁一七五。

以下，即就雷先生此書之中的，兩項主要見解，無兵的文化，與文化的週期，加以探究。

㈠中國的兵與無兵的文化

雷海宗先生在〈中國的兵〉一文中說道：

歷代史家關於兵的記載多偏於制度方面，對於兵的精神反不十分注意。本文範圍以內的兵的制度，《文獻通考》一類的書已經敘述甚詳。所以作者的主要目的是要在零散材料的許可範圍內看看由春秋時代到東漢末年當兵的是甚麼人；兵的紀律怎樣，兵的風氣怎樣，兵的心理怎樣；至於制度的變遷不過附帶論及，因為那只是這種精神情況的格架，本身並無足輕重。作者相信這是明瞭民族盛衰的一個方法。4

雷先生以為，對於歷史上士兵組成份子的來源，士兵精神的表現，「是明瞭民族盛衰的一個方法」，這是一種獨到的見解，也是一種深入的看法。

雷先生從歷史上考察中國的兵役制度，他認為，在西周時代，一定是所有的貴族（士）男子都當兵，而一般平民是不當兵的，等到春秋時代，兵的主體仍是士族，雷先生說：

春秋時代的軍隊仍可說是貴族階級的軍隊。因為是貴族的，所以仍為傳統封建貴族的俠義精神所支配。封建制度所造成的貴族，男子都以當兵為職務、為榮譽、為樂趣。不能當兵是莫大的羞恥。我們看《左傳》《國語》中的人物由上到下沒有一個不上陣的，沒有一個不能上陣的，沒有一個不樂意上陣的。國君往往視自出戰，所以晉惠公纔遇到被虜的厄難。國君的弟兄子姪也都習武，並且從極幼小時就練習。如晉悼公弟揚干最多不過十五六歲就入伍；因為年紀太小，以致擾亂行伍。連天子之尊也親自出征，甚至在陣上受傷。如周桓王親率諸侯伐鄭，當場中箭。此外春秋各國上由首相，下至一般士族子弟，都踴躍入伍。當兵不是下賤的事，乃是社會上層階級的榮譽職務。戰術或者仍很幼稚，但軍心的盛旺是無問題的。一般的說來，當時的人毫無畏死的心理；在整部的《左傳》中我們找不到一個因膽怯而臨陣脫逃的人。當時的人可說沒有文武的分別。士族子弟自幼都受文武兩方面的訓練。5

春秋時代，文武合一的情形，是社會上普遍的現象，即使是春秋晚期提倡文教的孔子，以六藝為教，禮樂射御書數，也是一種文學與武備兼具的教育方式。

到了戰國時代，戰爭的型態已經改變，戰爭的殘酷情形，也更加嚴重。雷先生說：

4 雷海宗：《中國文化與中國的兵》，頁一二。

5 雷海宗：《中國文化與中國的兵》，頁八。

戰國時代的戰爭非常慘酷。春秋時代的戰爭由貴族包辦，多少具有一些遊戲的性質。我們看《左傳》中每次戰爭都有各種的繁文縟禮，殺戮並不甚多，戰爭並不以殺傷為事，也不以滅國為目的，只求維持國際勢力的均衡。到戰國時代情形大變，戰爭的目的在乎攻滅對方，所以各國都極力獎勵戰殺，對俘虜甚至降卒往往大批的阬殺，以便早日達到消滅對方勢力的地步。6

又說：

後代的人對戰國時代斬首數目的宏大，尤其對於阬殺至數十萬人的驚人事實，往往不肯置言。這可說都是因為後代不善戰不肯戰的文人，不能想像歷史上會有這種慘酷的時代。秦國以斬首多少定功行賞，斬首的數目不會有誤，別國恐怕也採同樣的辦法。我們不可忘記這一個列國拼命的時代，戰爭的目的是要澈底消滅對方的抵抗力。戰爭都是滅國的戰爭，為達到滅國的目的，任何手段都可採擇。這是一個文化區域將要統一時的必有現象。7

秦始皇之所以能統一六國，雷先生認為，此與秦在戰國時代實行徵兵制度，應該是有密切的關係。

等到楚漢相爭，劉邦統一天下，一直到漢武帝時，雄才大略，對外用兵，武力極盛，但是，兵役制度，卻並不穩固，一般人不肯當兵，於是漢武帝開始正式募兵，加以舊日戍邊的制度，由於人心渙散而難於維持，於是屯田的制度因而成立。

雷先生以為，「漢代的問題實際是中國的永久問題，東漢以下兵的問題總未解決。只有隋及盛唐承襲北朝外族的制度，百餘年間曾實行半徵兵的府兵制，這也是漢以後中國自治的惟一盛強時代。二千年來的情形，骨子裡都與東漢一樣。」[8]

從歷史發展上來看，中國由於兵役制度的不夠健全，只好經常招募外族的人士當兵，而且，也經常受到外族的入侵，甚至於被外族統治，華夏民族之受五胡亂華之苦，東晉南宋之被迫南渡，宋人明人之亡於蒙元和滿清，都無不與此有關，雷先生以為，「二千年來中國總是一部或全部受外族統治，或苟且自主而須忍受深厚的外侮；完全自立又能抵抗外族甚至能克服外族乃是極少見的例外。這種長期積弱局面的原因或者很複雜，但最少由外表看來東漢以下永未解決的兵的問題是主要的原因。」[9]他在〈中國的兵〉一文的附注中說：

---

6 雷海宗：《中國文化與中國的兵》，頁十一。
7 雷海宗：《中國文化與中國的兵》，頁十三。
8 雷海宗：《中國文化與中國的兵》，頁五十二。
9 雷海宗：《中國文化與中國的兵》，頁五十八。

並且大家一向都安於這種墮落的局面，不覺得這是一個需要解決的問題。只有王安石曾認清這個問題，並提出適當的解決方法。在他〈上仁宗皇帝言事書〉（俗稱《萬言書》）中他認為只有叫良民當兵，尤其是一般所謂士大夫都人人知兵人人當兵，纔能使中國自立自主。只就這一點來看，王安石已是二千年間特出的奇才。可惜王安石一類的積極人才在傳統的中國決無成功的機會。一般的說來，文武兼備的人有比較坦白光明的人格，兼文武的社會也是坦白光明的社會。這是武德的特徵。中國二千年來社會上下各方面的卑鄙黑暗恐怕都是畸形發展的文德的產物。偏重文德使人文弱，文弱的個人與文弱的社會難以有坦白光明的風度，只知使用心計；虛偽，欺詐，不澈底的空氣支配一切，使一切都無辦法。中國兵制的破裂與整個文化的不健全，其實是同一件事。在這種病態的社會，王安石一流的人物，生前必定失敗，死後必留罵名。10

他的意見，深深地值得關心中國文化發展的人們去作出深刻地反省。

雷海宗先生又在〈中國的家族〉一文中指出，中國的大家族制度，曾經過一個極盛、轉衰、與復興的變化，春秋以上是大家族最盛的時期，戰國時代漸漸衰微。漢代把已衰的古制又重新恢復，此後一直維持了二千年。

春秋時代，大家族制度仍然盛行，大家族有固定的組織法則，稱為宗法。宗法的大家族是維持封建制度下貴族階級的一種方法，到了戰國，各國的貴族被推翻，宗法隨之被消滅，大家族也隨之動搖。

戰國時代最有系統的統制家族生活的就是秦國。《史記・商君列傳》說：「令民為什伍，而相收司連坐。不告姦者腰斬，告姦者與斬敵首同賞，匿姦者與降敵同罰。民有二男以上不分異者，倍其賦。有軍功者各以率受上爵，為私鬥者各以輕重被刑。」11雷先生以為，商鞅的政策可分析為兩點。第一，是廢大家族。所以二男以上必須分異，否則每人都要加倍納賦。第二，是公民訓練。在大家族制度之下，家族觀念太重，國家觀念太輕，因為每族本身幾乎都是一個小國家。現在集權一身的國君要使每人都直接與國家發生關係，所以就打破大家族，提倡小家庭生活，使全國每個壯丁都完全獨立，不再有大家族把他與國家隔離。家族意識消弱，國家意識提高，徵兵的制度纔能實行，國家的組織纔能強化。商鞅的目的十分明顯。什伍連坐是個人向國家負責。告姦也是公民訓練。禁止私鬥，提倡公戰，更是對國家有利的政策，宗族間的械鬥從此也多數停止了。商鞅的政策完全成功，所以，《史記・商君列傳》上記述說：「行之十年，秦民大說，道不拾遺，山無盜賊，家給人足，民勇於公戰，怯於私鬥，鄉邑大治。」

隨著商君變法成功，大約戰國時期，各國也都先後進行了或多或少的變法。各國變法之後，傳統的大家族制度，已隨之沒落。一旦大家族沒落，子孫繁衍的觀念必隨之微弱。所以戰

10 雷海宗：《中國文化與中國的兵》，頁五十九。

11 司馬遷：《史記》卷六十八，（臺北，鼎文書局，民國八十二年），二二三〇頁。

國時代各國都有人口過少的恐慌，也多設法增加自己國內的人口。最早的例就是春秋戰國之交的越國。句踐要雪國恥，極力鼓勵國內人口的繁殖，《國語・越語》上記載：

(1)令壯者無取老婦，令老者無取壯妻；
(2)女子十七不嫁，其父母有罪；丈夫二十不娶，其父母有罪；
(3)將免（娩）者以告，公醫（醫）守之；
(4)生丈夫二壺酒一犬，生女子二壺酒一豚；
(5)生三人公與之母，生二人公與之餼。12

雷先生說：「我們讀此之後，幾乎疑惑墨索里尼是句踐的私淑弟子；兩人的政策相同處太明顯了！」

雷先生說，「漢代政府也如戰國時代列國的設法提倡人口增加」，因為，「兩漢四百年間的人口總額始終未超過六千萬」，人口過少，對於大漢帝國的國防確實造成相當巨大的影響。

東漢章帝元和二年，曾降下有名的胎養令，主要的兩條是：

(1)產子者，復勿算三歲；
(2)懷孕者，賜胎養穀，人三斛；復其夫勿算一歲。

雷先生以為，生育的前後共免四年的算賦，外給胎養糧。算賦不分男女，成年人都須繳納，每年一百二十錢，是漢代最重的一種稅賦，「產子者，復勿算三歲」，未分男女，大概是夫婦皆免。懷孕者，夫免算一歲；婦既有養糧，免算是不言而喻的了。兩人前後免算八次，共九百六十錢。漢代穀賤時，每石只五錢，饑荒時亦不過數百錢，平時大概數十錢。所以這個胎養令並不是一件小可的事情，所免的是很可觀的一筆稅款。這當然是仁政，但只把它看為單純消極的仁政，未免太膚淺。這件仁政有它積極的意義，就是鼓勵生育。並且這個辦法是「養以為令」的，那就是說，此後永為常法。

另外，雷先生以為，漢代諸帝又不斷的設法恢復前此幾近消滅的大家族制度。這個政策可從兩方面來解釋。第一，戰國的緊張局面已成過去，現在天下一家，皇帝只求社會的安定。小家庭制度下，個人比較流動，社會因而不安。大家族可使多數的人都安於其位；所以非恢復大家族，社會不能安寧。但漢帝要恢復大家族，恐怕還有一個原因，就是希望人口增加。小家庭制與人口減少幾乎可說有互相因果的關係。大家族與多子多孫的理想若能復興，人口的恐慌就可以免除。

雷先生以為，到東漢時，大家族重建的運動已經成功，東漢以下二千年間，大家族是社會國家的基礎。大家族是社會的一個牢固的安定勢力。不只五胡之亂不能把它打破；此後經過無

12 左丘明：《國語》卷二十，（臺北，宏業書局，民國六十九年），頁六三五。

數的大小變亂，社會仍不瓦解，就是因為有這個家族制度。每個家族，自己就是一個小國家。

但反過來講，漢以下的中國不能算為一個完備的國家。大家族與國家似乎是根本不能並立的，封建時代，宗法的家族太盛，國家因而非常散漫。春秋時代宗法漸衰，列國纔開始具備統一國家的雛形。戰國時代大家族沒落，所以七雄纔組成了真正統一的完備國家。漢代大家族衰而復盛，帝國因而又不成一個國家。二千年來的中國只能說是一個龐大的社會，一個具有鬆散政治形態的大文化區，與戰國七雄或近代西洋列強的性質絕不相同。

近百年來，中國受了強烈的西洋文化的衝擊，漢以下重建的家族制度以及文化的各方面纔開始撼動。時至今日，看來大家族的悲運恐怕已無從避免。實行小家庭制，雖不見得國家組織就一定可以健強，但古今似乎沒有大家族制下而國家的基礎可以鞏固的。漢以下始終未曾實現的真正統一的建國運動，百年來，尤其是民國以來，也在種種的困苦艱難中進行。一個整個的文化區，組成一個強固的國家，是古今未曾見過的事。中國今日正在努力於這種人類前此所未有的事業；若能成功：那就真成了人類史上的奇蹟。

家族制度，或大或小，是人類生活的必需條件。所以未來的中國到底採用如何形態的大家族或小家族制度，頗堪玩味。大小兩制，各有利弊。兩者我們都曾實行過，兩者的苦頭也都嘗過。我們在新的建國運動中，是否能盡量接受歷史上的教訓，去弊趨利；這種萬全的路徑，是否可能；大小兩制度是否可以調和——這些問題都是我們今日的人所極願追究的，但恐怕只有未來的人才能解答。

由於春秋時代，文武合一，士人勇於當兵的風俗被破壞之後，傳統中國人不願當兵，再加上大家族的衰弱，因此，雷海宗先生在〈無兵的文化〉一文之中，說道：

秦以上為自主自動的歷史，人民能當兵，肯當兵，對國家負責任。秦以下人民不能當兵，不肯當兵，對國家不負責任，因而一切都不能自主，完全受自然環境（如氣候，饑荒等等）與人事環境（如人口多少，人才有無，與外族強弱等等）的支配。

又說：

這樣一個完全消極的文化，主要的特徵就是沒有真正的兵，也就是說沒有國民，也就是說沒有政治生活。為簡單起見，我們可以稱它為「無兵的文化」。13

雷先生以為自秦代以下，中國人民不肯當兵，長期以來，形成一種「無兵的文化」。這種文化型態的形成，不但斲傷了中國民族的生命力，也造成了中國民族力量的衰弱，從而引致了許多外患的侵陵。

13 雷海宗：《中國文化與中國的兵》，頁一〇七。

(二)抗戰與中國文化發展週期

在〈中國文化的兩週〉一文中，雷先生討論到中國歷史的分期問題，他說：

中國四千年來的歷史可分為兩大週。第一週，由最初至西元三八三年的淝水之戰，大致是純粹的華夏民族創造文化的時期，外來的血統與文化沒有重要的地位。第一週的中國可稱為古典的中國。第二週，由西元三八三年至今日，是北方各種胡族屢次入侵，印度的佛教深刻的影響中國文化的時期。無論在血統上或文化上，都起了大的變化。第二週的中國已不是當初純華夏族的古典中國，而是胡漢混合梵華同化的新中國，一個綜合的中國。雖然無論在民族血統上或文化意識上，都可說中國的個性並沒有喪失，外來的成分卻佔很重要的地位。14

雷先生將中國歷史演進分為兩大週期，由上古時期到淝水之戰，是為第一週期。由淝水戰後到當前，是為第二週期。第二週期與前一週期最大的不同，是中國已經是一個經過胡漢混合華梵同化的新中國。

雷先生以為，第一週，除所謂史前期之外，可分為五個時代：

1. 封建時代（西前一三〇〇至七七一年）；

2. 春秋時代（西前七七〇至四七三年）；

3. 戰國時代（西前四七三至二二一年）；

4. 帝國時代（西前二二一至西元八八年）；

5. 帝國衰亡與古典文化沒落時代（西元八八至三八三年）。

雷先生以為，根據《竹書紀年》，在西元前一三〇〇年，商代的君主盤庚，將國都自奄（山東曲阜）遷往殷（河南安陽），這是中國歷史上第一個比較確定的年代，可以認為是封建時代的開始。

《春秋》一書的紀年，由西元前七二二至四八一，但如由前七二二年開始，則前於此的五十年將成虛懸，無所歸宿，所以，將春秋時代上推了五十年。

西元前四七三年，越國滅亡吳國，至西元前二二一年，秦統一全國，屬戰國時代。

西元前二二一年，秦始皇統一全國，至西元八八年，漢章帝崩，是帝國時期。雷先生以為，「西前二二一年秦始皇創了自古未有的新局。前此無論名義如何，實際總是分裂的。自此以後，二千年間統一是常態，分裂是變局。但在二千年的統一中，以秦、西漢、及東漢中興的三百年間的統一為最長，最穩固，最光榮。二千年來的中國的基礎可說都立於這三個世紀。」15

14　雷海宗：《中國文化與中國的兵》，頁一〇七。

15　雷海宗：《中國文化與中國的兵》，頁一五五。

西元八八年，至西元三八三年，是帝國衰亡與古典文化沒落時代。對於西元三八三年，東晉謝玄大破前秦苻堅於淝水，雷先生以為，「胡人起事的八十年後（西元三八三年），北方臨時被外族統一，苻堅決意要渡江滅晉，統一天下。淝水之戰是一個決定歷史命運的戰爭。當時胡人如果勝利，此後有否中國實為問題。因為此時漢族在南方的勢力仍未根深蒂固，與後來蒙古滿清過江時的情形大不相同。不只珠江流域尚為漢族殖民的邊區，連江南也沒有澈底的漢化，蠻族仍有相當的勢力，漢人仍然稀少。胡人若真過江，南方脆弱的漢族勢力實有完全消滅的危險。南北兩失，漢族將來能否復興，很成問題。即或中國不至全亡，最少此後的歷史要成一個全新的局面，必與後來實際實現的情形不同。東晉在淝水雖佔了上風，中國所受的衝動已是很大。此後二百年間，中國的面目無形改變。胡漢兩族要混合為一，成為一個新的漢族，佛教要與中國文化發生不可分的關係。中國文化已由古典的第一週進到胡人血統與印度宗教被大量吸收的第二週了。」*16*

雷先生以為，第二週也可分為五期：

1. 南北朝、隋、唐、五代（西元三八三至九六〇年）；
2. 宋代（西元九六〇至一二七九年）；
3. 元明（西元一二七九至一五二八年）；
4. 晚明盛清（西元一五二八至一八三九年）；
5. 清末中華民國（西元一八三九年以下）。

南北朝、隋、唐、五代，是一個大的過渡，綜合與創造的時代，南北朝佛教大盛，隋唐帝國與隋唐文化都是南北朝醞釀的結果。

宋代的三百年是一個整理清算的時代，在思想方面也有同樣的整頓運動，調和了儒學、道教、佛教，而產生了新儒教。

元代是一個中國受制於外族的時代，元明兩代的思想界也缺乏生氣。

晚明盛清是政治文化完全凝結的時代，整個中國第二次亡於異族。

鴉片戰爭以下的時代，至今尚未結束，前途方向尚不可知。

雷先生以為，「第一週的時代各有專名，第二週的時代只以朝代為名。這並不是偶然的事。第二週的各代之間仍是各有特徵，但在政治社會方面一千五百年間可說沒有甚麼本質的變化，大體上只不過保守流傳秦漢帝國所創設的制度而已。朝代的更換很多，但除強弱的不同外，規模總逃不出秦漢的範圍。只在文物方面，如宗教，哲學，文藝之類，纔有真正的演變。最近百年來，西化東漸，中國文化的各方面纔受了絕大的衝動，連固定不變的政治社會制度也開始動搖。」17

又以為「中國文化的第二週顯然已快到了結束的時候。但到底如何結束，結束的方式如

16 雷海宗：《中國文化與中國的兵》，頁一五七。
17 雷海宗：《中國文化與中國的兵》，頁一五八。

何，何時結束，現在還很難說。在較遠的將來，我們是否還有一個第三週的希望？誰敢大膽的肯定或否定？」18他的話語，帶給人們疑慮，也帶給人們不少的希望，去期待中國文化第三週期的到來。

雷先生在〈中國文化的兩週〉一文中說：

以上中國歷史的分期不能說是絕對的妥當。但可算為一種以時代特徵為標準的嘗試分期法。專講中國史，或者看不出這種分期有何特殊的用處，但我們若把中國史與其他民族的歷史比較一下，就可發見以前所未覺得的道理。由人類史的立場看，中國歷史的第一週並沒有甚麼特別，因為其他民族的歷史中都有類似的發展。任何文化區，大概起初總是分為許多部落或小國家，多少具有封建的意味。後來這些小國漸漸合併為少數的大國，演成活潑生動的國際局面。最後大國間互相吞併，一國獨盛，整個的文化區併為一個大帝國。這種發展，在已往的時候可說是沒有例外的。在比較研究各民族的歷史時。整個文化區的統一是一個不能誤會的起發點。19

又說：

關於統一前的史料，知道比較清楚的，大概是埃及、希臘、羅馬，與中國的三個例。由這三個文化區歷史的比較，我們大致可說民族間發展的大步驟都有共同點可尋，並且所需時間的長短也差不多。希臘各小國的定居約在西前一二〇〇年，帝國的實現約在西前一〇〇年，前後一千一百年的功夫。中國由盤庚到秦併六國也是一千一百年。埃及最早定局似在西前三〇〇〇至二八〇〇年間，統一約在西前一六〇〇年，前後約一千二百至一千四百年的功夫，較前兩例略長，但埃及的年代至今尚多不能確定。我們可說一個文化區由成立到統一，大致不能少於一千年，不能多於一千五百年。以此類推，其他民族的歷史可以大體斷定。[20]

以上是雷先生討論到中國文化發展第一週期時，藉著西方埃及、希臘、羅馬，相互比較，以見出在文化發展的第一週期上，中國與西方極其相似的地方。

至於在文化發展的第二週期方面，雷先生說：

我們以上所謂的兩點，都限於所謂文化的第一週。第二週尚未談及，因為中國文化的第

---

18 雷海宗：《中國文化與中國的兵》，頁一六六。
19 雷海宗：《中國文化與中國的兵》，頁一六六。
20 雷海宗：《中國文化與中國的兵》，頁一六七。

二週在人類史上的確是一個特殊的例外。沒有其他的文化，我們能確切的說它曾有過第二週返老還童的生命。埃及由帝國成立到被波斯征服（西前五二五年）因而漸漸消滅，當中只有一千一百年的功夫。巴比倫由帝國成立到被波斯征服（西前五三九年）與消亡最多也不過有一千五百年左右的功夫。羅馬帝國，若以西部計算，由成立到滅亡（普通定為西元四七六年）尚不到六百年。所謂東羅馬帝國實際已非原來希臘羅馬文化的正統繼承者，我們即或承認東羅馬的地位，羅馬帝國由成立到滅亡（西元一四五三年）也不過一千五百五十年的功夫。中國由秦併六國到今日已經二千一百五十餘年，在年代方面不是任何其他文化所能及的。羅馬帝國一度衰敗就完全消滅，可以不論。其他任何能比較持久的文化在帝國成立以後也沒有能與中國第二週相比的偉大事業。中國第二週的政治當然不像第一週那樣健全，並且沒有變化，只能保守第一週末期所建的規模。但二千年間大體能維持一個一統帝國的局面，保持文化的特性，並在文化方面能有新的進展與新的建設，這是人類史上絕無僅有的奇事。其他民族，不只在政治上不能維持如此之長，並且在文化方面也絕沒有這種二度的生命。*21*

從與西方其他國家的文化發展週期作對比，中國是唯一能開創第二週期文化的國家。中國這種獨具的特色，「能創造第二週的文化纔是真正值得我們自誇於天地間的大事。好壞是另一問題，第二週使我們不滿意的地方當然很多，與我們自己的第一週相比也有遜色。但無論如何，這在人類史上是只有我們曾能作出的事，可以自負而無愧」。[22] 但是，「我們能有他人所未曾有的第二週，已是『得天獨厚』。我們是不是能創出尤其未聞的新紀錄，去建設一個第三週的偉局？」[23]

尤其特殊的事，中國文化發展第三週期所面對的艱困，卻又是亘古未嘗有過的民族抗日聖戰？

雷先生在〈此次抗戰在歷史上的地位〉一文中說：

> 此次抗戰不只在中國歷史上是空前的大事，甚至在整個人類歷史上也是絕無僅有的奇蹟。我們若把中國與其他古老文化比較一下，就可得到驚人的發現。埃及文化由生到死，不過三千年。公元前三百年左右被希臘征服，漸漸希臘化。後來又被回教徒征服，就又亞拉伯化。今日世界上已沒有埃及人，埃及文字，或埃及文化；今日所謂埃及的一切，都是亞拉伯的一部份。巴比倫文化的壽命與埃及相同，也同時被希臘征服，後來又亞拉伯化。希臘羅馬文化，壽命更短，由生到死不過二千年；今日的希臘不是古代的希

21 雷海宗：《中國文化與中國的兵》，頁一六八。

22 雷海宗：《中國文化與中國的兵》，頁一六九。

23 雷海宗：《中國文化與中國的兵》，頁一七〇。

臘，今日的意大利更不是古代的羅馬。至於中國，由夏商之際到今日，將近四千年，仍然健在。並且其他古族在將亡時，都頹靡不振，不只沒有真正抵抗外患的力量，甚至連生存的意志也大半失去。它們內部實際先已死亡，外力不過是來拾取行屍走肉而已。至於我們此次抗戰的英勇，是友邦軍事觀察家所同聲讚許的，連敵人方面的軍事首領有時也情不自己的稱讚一聲。我們雖然古老，但我們最好的軍隊可與古今任何正在盛期的民族軍隊相比，這是值得大書特書的。24

雷先生以中國文化與埃及文化、巴比倫文化、希臘羅馬文化比較，這幾種古老文化都已經被消滅而不存在，只有中國文化，由夏商之際直到今天，將近四千年還仍然健在。中國雖然古老，但是，即使在這次抗戰中，我們最好的軍隊，並不比任何壯盛時代其他國家的軍隊表現為差。並且，「我們不要忘記今日中國的軍隊不是徵兵，而是募兵。徵兵雖也有缺點，但只有徵兵纔是長久可靠的軍隊。我們只有募兵，而其效能已幾乎與徵兵相等，這又是人類歷史上希有的奇事。半年以來，我們大部的軍隊可以告無罪於國家民族」；「中國文化的壽命為何如此之長？今日因何能有如此英勇的抗戰？中國至今存在，因為中國曾經返老還童，而別的文化一番衰老後就死去。」25

雷先生說：

中國文化前後有過兩週，其他文化都只有第一週絕無第二週，都是一衰而不能復振。這一點是我們大可自豪於天地間的。我們不只壽命長，並且沒有虛度我們的光陰，各代都能翻點新的花樣。中國文化為何能有第二週？這個問題與上面尚未解答的今日為何能如此英勇抗戰的問題，可以一併回答。中國文化的第二週可說是「南方發展史。」古代的中國限於中原，長江流域乃是邊地，珠江流域根本與中國無關。秦漢時代奠定了三大流域的中國，但黃河流域仍為政治文化的重心。五胡亂華以後，南方逐漸開拓。此後每經一次外患，就有大批的中原人士南遷。五胡亂華，五代之亂，與宋室南渡時南遷的人數尤多。並且一般的講來，南遷的人是民族中比較優秀的份子，因為他們大多都是不肯受外族統治而情願冒險跋涉的人。並且沿路的困苦危險遠非火車輪船汽車飛機的今日可比。因而冒險南下的人中，又有一批被淘汰。到了環境迥異的南方之後，在衛生知識與衛生設備兩缺的前代，因不能適應而死去的人，恐又不少。最後得機會開發南方的可說是優秀份子中選擇出來的優秀份子。所以二千年來，雖因外患來自北方而統一的首都始終設在中原，然而南方經濟與文化的地位一代比一代重要，人口一代比一代繁殖，到最

24 雷海宗：《中國文化與中國的兵》，頁一七七。
25 雷海宗：《中國文化與中國的兵》，頁一七八。

後都遠超中原之上。[26]

從江南半壁廣大天地的歷代開拓來看，雷先生以為，「到明清時代，很顯然的中原已成南方的附庸了」，因此，「在別的民族已到了老死的時期，我們反倒開拓出這樣一個新天地，這在人類歷史上是無可比擬的例外」。

雷先生又特別指出，「此次抗戰，雖顯然的是全國參加，但因人力物力的關係，抗戰的重心在南方，也是無可諱言的。這可說是我們修養生息了兩千年的元氣，至此拿出與亘古未有的外患相抗。因為已往外患都在北方，又因軍隊都是募兵，所以兵士大半都是由政府就地招編，當然以北人居多。歷代對外失敗，可說都限於北方，失敗後就又有一批人士南遷。民族元氣大寶藏的南方力量。前此向無機會施展。」「時至今日，中國軍隊的主力，不僅要從北方挑選，尤其要從南方編練，已是顯而易見的事。軍隊素質的高低，不專靠體力與訓練。每個士兵的智力，神經反應的遲速，隨機應變的能力，以及其他種種的天然稟賦，都有關係。尤其在近代的複雜戰術之下，因為二千年來民族元氣的南偏，南方的勁旅多於北方，也是當然的事。中國雖然古老，元氣並未消耗，大部國民的智力與魄力仍可與正在盛期的歐美相比，仍有練成近代化的勁旅的可能。二千年來養成的元氣，今日全部拿出，作為民族文化保衛戰的力量。此次抗戰的英勇，大半在此。」[27]

在〈此次抗戰在歷史上的地位〉一文之末，雷先生特別強調，這次中國對日本抗戰的重要性，他說：

我們第二週的文化今日已到末期。第一週的末期，前後約三百年。第二週的末期，由始至今方有百年；若無意外的變化，收束第二週與推進第三週恐怕還得需要一二百年的功夫。但日本的猛烈進攻，使得我們不得不把八字正步改為百碼賽跑。第二週的結束與第三週的開幕，全都在此一戰。第一週之末，有淝水之戰（公元三八三年）。那一戰中國若失敗，恐怕後來就沒有第二週的中國文化，因為當時漢人在南方還沒有立下根深蒂固的基礎。淝水一戰之後，中國文化就爭得了一個新地，慢慢修養以備異日脫穎而出的機會。此次抗戰是我們第二週末的淝水戰爭，甚至可說比淝水戰爭尤為嚴重。成敗利鈍，長久未來的遠大前途，都繫於此次大戰的結果。第二週文化已是人類史上空前的奇蹟；但願前方各忠職責，打破自己的非常紀錄，使第三週文化的偉業得以實現！28

淝水之戰，是華夏民族東晉南渡之後，生死存亡絕續與否的關鍵性一戰，雷先生將中國今日抗

26 雷海宗：《中國文化與中國的兵》，頁一七九。
27 雷海宗：《中國文化與中國的兵》，頁一八一。
28 雷海宗：《中國文化與中國的兵》，頁一八二。

日聖戰與淝水之戰相比，說明其重要性也兩兩相當，可見雷先生對國人的期許之深與寄望之殷切。

雷先生在〈建國—在望的第三週文化〉一文中說：

只看目前，我們是在抗戰中建國。但若把眼光放得遠大些，我們今日顯然的是正在結束第二週的傳統文化，建設第三週的嶄新文化。從任何方面看，舊的文化已沒有繼續維持的可能，新的文化有必須建設的趨勢，此次抗戰不過加速這種遲早必定實現的過程而已。我們近來時常稱今日為「大時代」，真正的意義就在此點。29

雷先生以為，我們目前，是在抗戰中建國，一面抗戰，一面建國，是正在由第二週期的傳統文化結束中，建設第三週期的嶄新文化。雷先生指出，「此次抗戰，有如塞翁失馬，在表面損失的背後，隱藏著莫大的好處」，他舉出好幾件假設性的事件，供國人反省取捨，例如，他假定開戰三兩月後，列強就出來武力調停，勉強日軍由中國領土完全退出。那與目前這種沿江沿海與各大都市以及重要交通線全因戰敗而喪失的局面，孰優孰劣？答案是：戰敗失地遠勝於調停成功。他舉出好幾個似此的例子，要國人反省抉擇，而他的答案，卻都是出人意料之外的結果。雷先生自己說：「我們為何無情的摒棄一切可能的成功捷徑，而寧可忍受目前這種無上的損失與痛苦？理由其實很簡單：為此後千萬年的民族幸福計，我們此次抗戰的成功幾乎不可依靠任何的僥倖因素。日本速戰速決的勝利是不可能的；中國速戰速勝的戰果是不應該的。即或可能，我們的勝利也不當太簡易的得來。若要健全的推行建國運動，我們整個的民族必須經過一番悲壯慘烈的磨煉。二千年來，中華民族所種的病根太深，非忍受一次澈底澄清的刀兵水火的洗禮，萬難洗淨過去的一切骯髒污濁，萬難創造民族的新生。」[30] 他以為，「新生」一詞含意甚廣，但一個最重要的意義就是「武德」。非有目前這種整個民族生死關頭的嚴重局面，不能使一般順民與文人學士從心坎中了解徵兵的必要。因為，徵兵是強國的根本。

雷先生以為，「此次抗戰有滌盡一切惡劣文德的功用」，舊中國傳統的污濁，因循、苟且、僥倖、欺詐、陰險、小器、不澈底，以及一切類似的特徵，都是純粹文德的劣根性，都應該加以滌除。但是，他以為，我們絕不提倡偏重武德的文化，我們絕不要學習日本，我們的理想是恢復戰國以上文武並重的文化。因此，雷先生說：

> 初級教育與軍事訓練都當成為每個國民必有的義務與權利。義教是文化的起點，軍訓是武化的起點。兩者都是基本的國民訓練。這個目標達到之後，整個中國的面目就要改觀。當然在面積廣大邊防極長的中國，恐怕非有一個常備軍甚至職業軍不可，但這只能

[29] 雷海宗：《中國文化與中國的兵》，頁一八五。
[30] 雷海宗：《中國文化與中國的兵》，頁一八六。

作為徵兵的附庸，必須由徵兵訓練中產生。所有的兵必須直接出自民間，兵與民必須一體，二千年來兵民對立的現象必須澈底打破。由此次抗戰的英勇，我們可知中華民族雖然很老，但並不衰，仍是第一等的兵士材料。這是徵兵制能夠成功的絕對保障，也是新文化必定實現的無上把握。31

又說：

我們生為今日的中國人，當然是不免痛苦的，但也可說是非常榮幸的。今日是中國文化第二週與第三週的中間時代。新舊交替，時代當然混亂；外患乘機侵來，當然更增加我們的痛苦。但處在太平盛世，消極的去度坐享其成的生活，豈不是一種太無價值無趣味的權利？反之，生逢二千年來所未有的亂世，身經四千年來所僅見的外患，擔起撥亂反正，抗敵復國，變舊創新的重任——那是何等難得的機會！何等偉大的權利！何等光榮的使命！無論何人，若因意志薄弱或毅力不堅，逃避自己分內的責任，把這個機會平白錯過，把這個權利自動放棄，把這個使命輕易抹煞，豈不是枉生人世一場！32

在戰雲密佈之下，在烽火連天之中，雷先生的激勵之語，帶給苦難中的國人以無窮的希望，也帶給國人以無盡的力量，去瞻視未來，去迎向光明。

三、結 語

雷海宗先生的《中國文化與中國的兵》，分為上下兩編，收有七篇論文，上編總論「傳統文化之評價」，下編總論「抗戰建國中的中國」，取材客觀，兼綜中西，高膽遠矚，議論中肯，全書有一貫的宗旨，有卓越的見解。

雷先生此書，在戰火瀰漫的顛沛環境中，發為金石般的聲響，指示光明在望的前景，對於整個中華民族與艱辛奮鬥的國人同胞，確實產生了許多鼓舞奮發的激勵作用。

31 雷海宗：《中國文化與中國的兵》，頁一八八。

32 雷海宗：《中國文化與中國的兵》，頁一九一。

伍、以經典砥礪人心士風——熊十力《讀經示要》探微

一、引言

熊十力（一八八五～一九六八）字子貞，湖北黃岡人，是當代著名的哲學家。

熊先生早年從事革命運動，三十六歲時，曾在南京支那內學院，從歐陽竟無潛習佛法，民國十一年（一九二二），任教於北京大學，逐漸歸宗於大《易》，講學會通儒佛，民國二十一年（一九三二），出版《新唯識論》。

民國二十六年（一九三七），蘆溝橋事變發生，抗日戰爭全面展開，熊先生離開北平，次年，熊先生前往四川，先後講學於馬一浮先生主持之復性書院及梁漱溟先生主持之勉仁書院，民國三十四年（一九四五），熊先生撰成《讀經示要》，由重慶南方印書館出版。

熊先生在《讀經示要》的〈自序〉中說：「讀經問題，民初以來，常起伏於一般人之腦際而紛無定論，余雖念此問題之重要，而無暇及此。且世事如斯，言之無益，不如其已。去年責及門諸子讀經，諸子興難，余為筆語答之，懼口說易忘也。初提筆時，只欲作一短文，不意寫來感觸漸多，遂成一書。六經究萬有之原，而言天道，天道真常，在人為性，在物為命，性命之理明，而人生不陷於虛妄矣。順常道而起治化，則羣變萬端，畢竟不失貞常，知變而不知常，人類無寧日也。」這是熊先生強調六經為常道，人生不可違背的主要目的。

《讀經示要》一共三講，第一講「經為常道不可不讀」，第二講「讀經應取之態度」，第三講「略說六經大義」。在第一講中，說明通經有九種重要義蘊，可以彰明治化，而使人羣步上常道。又特別強調《禮記》中〈大學〉及〈儒行〉兩篇，要義貫穿六經，在經學中及當前的環境中，都有其重要性，因而加以疏解。在第二講中，主要說明研讀六經的態度，應以立志貶名，融會中西，批判漢學宋學經學的流弊為主。在第三講中，主要說明《周易》及《春秋》二經的大義為主，於《尚書》、《詩經》、三《禮》，僅略為說明其義蘊。

鑑於清末民國以來，士人習氣浮泛，不務實踐，加以抗戰時期，日寇侵凌，國勢危殆，因此，在《讀經示要》中，熊先生也特別重視〈儒行〉一篇，加以表彰，從而強調了砥礪社會士風，激勵民眾心志的目的。〈大學〉曾被朱子收入《四書》之中，其重要性，自不待言，熊先生於表彰〈大學〉之外，特別表彰〈儒行〉，則應有特別的意義存在。

二、熊先生表彰〈儒行〉之社會背景

熊十力先生完成《讀經示要》，雖然已在民國三十四年（一九四五），但是，在此之前的二、三十年之中，整個社會的文化風氣，卻必然會影響到熊先生撰述《讀經示要》時的心境，也影響到熊先生表彰〈儒行〉篇的用心。此種社會背景，可以從以下幾方向加以敘說。

(一)學術界盛行貶儒議論

晚清時代，西力東漸，國人震驚於西方船堅砲利之餘，競尚新學，傳統文化，多遭蔑棄，迄至民國，其勢未已，五四時期，倡導新文化，而反孔反儒之風，尤為熾盛，舉其要者而言，如：

清光緒二十年（一九〇〇），章太炎先生撰《訄書》，清光緒三十年（一九〇四），再版修訂，其中〈訂孔〉一篇，開始即引日人遠藤隆吉《支那哲學史》之言曰：「孔子之出於支那，實支那之禍本也。」[1]然後評論孔子，以為「孔氏之聞望過情」，對於孔子自屬貶辭。

清宣統二年（一九一〇），章太炎先生撰《國故論衡》[2]，其中有〈原儒〉一篇，依據《墨

---

[1] 章太炎：《訄書》，（臺北，世界書局，民國六十年）。

[2] 章太炎：《國故論衡》，（臺北，廣文書局，民國五十五年）。

經》，將「名」分為達、類、私三者的說法，將「儒」區分為達名之儒、類名之儒、私名之儒，而達名之儒，則據《說文》，以為是「術士」之稱，又據《史記・儒林傳》言「秦之季世阬術士」，以證術士即是儒生，儒生亦等同於巫祝之史。

民國二十三年（一九三四），胡適之先生在中央研究院《歷史語言研究所集刊》中，發表了〈說儒〉3一篇長文，文中主要的觀點，指出「儒是殷民族的教士，他們的衣服是殷服，他們的宗教是殷禮，他們的人生觀是亡國遺民的柔遜的人生觀」，他們是殷商亡國之後，「淪為奴隸，散在民間」的遺民，而儒者的職業是「治喪相禮」，他們是「殷禮的保存者與宣教師」。傳統的儒生學士，在胡適之先生筆下，淪為治喪相禮的術士。

民國二十四年（一九三五），馮友蘭先生在《清華學報》第十卷第二期發表了〈原儒墨〉4一文，主張「儒不必與殷民族有關」，「儒之起是起於貴族政治崩壞以後，所謂官失其守之時」，「他們散在民間，以為人教書相禮為生」，這一觀點，也與胡適先生的看法相同。至於一些「有知識的貴族，因落魄而亦靠其知識生活」，則是對於胡適先生的看法，稍作修正而已。

民國二十六年（一九三七），郭沫若先生發表了〈駁說儒〉5一文，針對胡適以「三年之喪為殷禮」的說法，指出由甲骨卜辭中所顯示的，殷代並無實行「三年之喪」的事實，郭氏此文，後來收入所著的《青銅器時代》之中。

從以上幾位當時極負盛名的學者的著作中，我們已可發現，從清末到民國，三十年間，學術界對於儒學與孔子的討論，負面的評論，已經成為論述的主題。

(二)社會上彌漫反孔氣氛

學術界貶儒貶孔的論述，既已如是，在一般社會文化方面，則更是彌漫著一股反孔反儒的風氣。

民國四年（一九一五）九月十五日，陳獨秀所辦的《新青年》[6]雜誌出版，內容的重點，強調了民主、反孔、及文學革命。

民國五年（一九一六）八月一日及九月一日，於《新青年》第一卷第六號，易白沙發表〈孔子平議〉上下篇，以為孔子之學，不過是先秦九流之一，主張君權，漫無限制，易成為獨夫專制，孔子講學，不許問難，易成思想專制，孔子但重作官，不重謀食，易入民賊牢籠，孔子及其弟子，皆抱有帝王思想，故為獨夫民賊作百世之傀儡。

民國五年（一九一六）十月一日，陳獨秀於《新青年》第二卷第二號發表〈駁康有為致總統

---

3 胡適：〈說儒〉，中央研究院《歷史語言研究所集刊》第四本第三分，民國二十三年。

4 馮友蘭：〈原儒墨〉，載《清華學報》第十卷第二期，民國二十四年。

5 郭沫若：〈駁說儒〉，載《青銅時代》，（香港，明石文化國際出版公司，二〇〇四年）。

6 《新青年》，（上海書店，一九八八年）。

總理書〉，反對康有為致書總統黎元洪、總理段祺瑞，欲立孔教為國教。

民國五年（一九一六）十一月一日，陳獨秀於《新青年》第二卷第三號，發表〈憲法與孔教〉一文，反對干涉憲法，反對於憲法〈天壇草案〉中第十九條，附以尊孔之文。

民國五年（一九一六）十二月一日，陳獨秀於《新青年》第二卷第四號，發表〈孔子之道與現代生活〉，主張孔教不適於現代的日用生活。

民國六年（一九一七）一月一日，陳獨秀於《新青年》第二卷第五號，發表〈再論孔教問題〉，以為孔子不論生死，不語鬼神，並非宗教，故不可垂之憲法，定為國教。

民國六年（一九一七）二月一日，吳虞於《新青年》第二卷第六號，發表〈家族制度為專制主義之根據論〉，批評儒家以孝弟二字為兩千年專制政治家族制度聯結之根幹，其流弊不減於洪水猛獸。

民國六年（一九一七）三月一日，吳虞於《新青年》第三卷第一號發表〈讀荀子書後〉，以為「孔學之流傳於後，荀卿之力居多，孔教之遺禍於後世，亦荀卿之罪為大」，進而以為，中國專制之局，實由於秦始皇成之，李斯助之，荀卿啟之，孔子教之也。

民國六年（一九一七）六月一日，吳虞於《新青年》第三卷第四號，發表〈儒家主張階級制度之害〉，以為孔子主張尊卑貴賤之階級制度，兩千年來不能剷除，故專制之威愈行愈烈，故人民不克享受平等自由之幸福。

民國六年（一九一七）七月一日，吳虞於《新青年》第三卷第五號，發表〈儒家大同之義本於老子說〉，以為儒家大同思想，乃受老子學說之影響而來。

民國十年（一九二一）六月十六日，胡適發表〈吳虞文錄序〉，提到「吳先生和我的朋友陳獨秀是近年來攻擊孔教最有力的兩位健將」，也提到「我給各位中國少年介紹這位四川省隻手打孔家店的老英雄——吳又陵先生」。

這些都是社會上文化界對於反儒反孔，配合著「打倒孔家店」、「打倒吃人的禮教」，所營造出來的氣氛和意見。

(三)抗戰進入艱苦階段

清光緒二十年（一八九四），日本侵略中國，與北洋艦隊戰於黃海，清兵失敗，中日簽訂馬關條約，賠款之外，割讓臺灣、澎湖予日本。

民國二十年（一九三一），日軍進攻瀋陽，侵佔東三省，是為「九一八事變」。

民國二十六年（一九三七）七月七日，日軍進攻河北省宛平縣蘆溝橋，我軍奮起抵抗，是為「七七事變」，是為全面抗戰的開始。

八年抗戰，持繼進行，迄至民國二十八年（一九三九）為止，中國當時所有的一百零一所大學，已有五十二所被日軍摧毀，已有十五所大學遷至西南大後方，華北許多學校，大規模地遷移，當時交通極為不便，運輸工具，極為簡陋，許多大中學生，由師長率領，間關萬里，徒步跋涉，前往後方，往往需要展轉幾個月的時間，沿途既要忍受饑寒疾病的痛苦，又要隨時防備日本飛機的轟炸，沿途犧牲的師生，不在少數（著名的目錄學家姚名達，即在遭遇日軍突襲時為保護學生，奮勇抵抗而犧牲），在那種艱辛的環境中，教師學生一有機會，仍然弦誦不輟，著述研究，也完成了許多不朽的著作，培育了許多優秀的學生，像熊十力的《讀經示要》、董作賓的《殷曆譜》、金岳霖的《論道》、錢穆的《國史大綱》、馮友蘭的《貞元六書》、楊樹達的《春秋大義述》，便都是撰成於抗戰的漫天烽火之中，而像楊振寧、李政道，也正是當年在戰爭威脅下刻苦力學的傑出學生。

民國二十六年（一九三七），七七事變發生，七月八日，熊十力先生化裝成商人，離開北平，返回湖北黃岡，次年春天，進入四川。民國三十三年（一九四四）年初，熊先生起草《讀經示要》，民國三十四年（一九四五）九月三日，日本無條件投降，十二月《讀經示要》由重慶南方印書館出版，民國三十六年（一九四七）春天，熊先生由重慶，乘船東下，返回北京大學。

綜計抗戰軍興，熊十力避寇入川，先後在四川居住了近十年之久，而撰寫《讀經示要》一書之時，正值抗戰進入晚期，日軍垂死反撲，國家處境最為艱困之際。熊先生經歷抗戰歲月，對於日寇之殘暴，國家之犧牲，親身目睹，在講學樂山復性書院時，且曾遭遇日本軍機的轟炸，書稿俱焚，幸僅傷及右膝。因此，熊先生在《讀經示要》書中，特別表彰〈儒行〉一篇，實則也有針對當時的社會環境，學術風氣，民族前途，而有其感慨激勵之用心存在。

三、熊先生闡釋〈儒行〉之內容探微

從清末到民國，社會上充滿了反傳統、反孔學的氣氛，及至日本侵華，抗戰軍興，熊先生間關千里，前往四川，所見所感，激起他對傳統文化力挽危難的用心，民國三十三年（一九四四），他起草《讀經示要》，提出了「經為常道，不可不讀」的呼籲，書中提到「〈大學〉、〈儒行〉二篇，皆貫串群經，而撮其要最，詳其條貫，揭其宗旨，博大宏深，蓋皆以簡少之文，而攝無量義也。二三子讀經，從此入手，必無茫然不知問津之感。讀盡《六經》之後，又復迴玩二篇，當覺意思深遠，與初讀時，絕不相同」[7]，因此，他在《讀經示要》之中，於《六經》之外，特別表彰了〈大學〉與〈儒行〉兩篇，在表彰〈大學〉時，熊先生表示「〈大學〉總括《六經》旨要」，「不會《六經》精神，讀〈大學〉可會其精神」，至於在表彰〈儒行〉時，熊先生所強調的目標，則在勗勉知識分子，「上追晚周儒風」，其重點大約有以下幾項：

㈠宏揚儒學剛健精神

〈儒行〉原是《禮記》的一篇，撰成的時代，大約在戰國末期，秦統一天下之前[8]，〈儒行〉繼承了原始儒學積極的精神，也發揮了儒學中剛健一面的人格特質，例如〈儒行〉近人章

7 熊十力：《讀經示要》，（臺北，明文書局，民國七十三年），頁二三四。

8 參胡楚生：〈儒行考證〉，載《書目季刊》第十八卷第四期，民國七十五年四月。

說：

儒有不寶金玉，而忠信以為寶，不祈土地，立義以為土地，不祈多積，多文以為富，難得而易祿也，易祿而難畜也，非時不見，不亦難得乎，非義不合，不亦難畜乎，先勞而後祿，不亦易祿乎，其近人有如此者。

熊十力《讀經示要》說：

人人能不求土地，而立義以為土地，則侵奪之患可熄，世界大同，義理富於內，積天下之財，何以易此乎？難得，言其進德修業，皆得力於難也，《論語》「仁者先難而後獲」是也。……《易》乾之初九，「潛龍勿用」，則非時不見也，德未成，不可以教人。見未正，不可遽持之以號召當世。乃至有所發明，而未經證實，不輕宣布。將改造治制，而群情未協，不可鹵莽以行破壞，皆非時不見義也。從來注家，專就個人出處言，殊失經義。9

在詮解〈儒行〉此章時，熊先生特別強調「人人不求土地，而立義以為土地」的重要性，以及強調「將改造治制，而群情未協，不可鹵莽以行破壞」，都不免含有針對清末民國以來的政治改革運動，有所感而發的心情存在，而希望國人從事改革，要以審慎的態度對之。又如〈儒行〉特立章說：

> 儒有委之以貨財，淹之以樂好，見利不虧其義，劫之以眾，沮之以兵，見死不更其守，鷙蟲攫搏，不程勇者，引重鼎，不程其力，往者不悔，來者不豫，過言不再，流言不極，不斷其威，不習其謀，其特立有如此者。

熊十力《讀經示要》說：

> 樂好之淹留，貨財之委屬，皆易使人醉利而忘義也，王念孫曰：「不程勇者，當作不程其勇，與下不程其力對文。」搏猛引重，不量勇力堪之與否，當之則往也，雖有負者，後不悔也，其所未見，亦不豫備，平行自若也，案此皆所以美勇氣，不可有一毫自餒處，天下之大勇，亦必於日常所觸險難，涵養得來。……不斷其威，謂當以威嚴自持也，不斷，謂不間斷，一念偶爾悠忽，即中無主，而威重失。不習其謀，謂勇於行義，故不習謀，習者數數也，謀之必周，而不可數數過計，過計，則利害之私，將炫於中，

9 熊十力：《讀經示要》，頁二一〇。

> 而不果於行矣。搏猛引重諸語，或以為害於義理，吾意不然，儒兼任俠，其平居所以養其勇武者固如是。10

在詮解〈儒行〉此章時，熊先生特別強調「天下之大勇亦必於日常所觸險難處，涵養得來」，又強調「搏猛引重諸語，或以為害於義理」，然而「儒兼任俠，其平居所以養其勇武者固如是」，也都是表彰儒者本具有卓然特立的精神，果決勇敢之氣魄。

要之，〈儒行〉篇中所記儒者剛健之行為，最足以對治世間以「柔」釋「儒」之弊病，故熊先生於〈儒行〉此等處，格外予以表彰，而希望轉變世人對儒學之誤解。

(二)批評理學柔弱特質

熊十力先生表彰〈儒行〉，他的目的，在於「上追晚周儒風，以為來者勸」，相對地，他對宋明理學家之偏主內聖，近乎柔弱，則提出了強烈的批評，他說：

> 北宋諸老先生，竟未有表章〈儒行〉者，程伊川且甚排斥之，《遺書》卷十七云：「〈儒行〉之篇，並無義理，如後世游說之士，所謂誇大之說，觀孔子平日語言，有如是者否？」伊川為宋學宗師，其斥〈儒行〉如此。宜乎理學末流，貌為中庸，而志行畏葸，識見淺近，且陷於鄉愿而不自覺其惡也。11

熊先生對於理學宗師程頤，尚且有所批評，對於理學末流，陷於鄉愿，自是極表痛心，他以為：

> 兩宋理學，大抵不脫迂謹，末流遂入鄉愿，近人詆程朱諸師為鄉愿，此無忌憚之談。但理學末流誠不佳，明儒變宋，則陽明子雄才偉行，獨開一代之風，然末流不免為狂禪，或氣矜之雄，卒以誤國。陽明教人，忽略學問與知識，其弊宜至此也。〈儒行〉首重夙夜強學以待問，又曰「博學不窮」，曰「博學知服」，陽明卻不甚注意及此，故不能無流弊。宋明諸儒，本無晚周儒者氣象，宜其不解〈儒行〉也。近時章太炎，嫉士習卑污，頗思提倡〈儒行〉，然只以高隱任俠二種視之，則其窺〈儒行〉，亦太淺矣。[12]

《論語・子路》中記孔子之言說：「不得中行而與之，必也狂狷乎，狂者進取，狷者有所不為也。」中行固然是理想的行為，但稍有不慎，卻易陷入於鄉愿之途，「鄉愿，德之賊也」，「刺之無刺，舉之非舉，而不可入於堯舜之途」，故孔子勉人致力塑造人格，由狂狷起腳，較

---

10 熊十力：《讀經示要》，頁二一二。

11 熊十力：《讀經示要》，頁二〇六。

12 熊十力：《讀經示要》，頁二三四。

無流弊，而宋明理學家理想雖高，卻易於陷入偏弊，產生流弊，故熊先生以為，宋明諸儒，本無晚周儒者氣象，故於〈儒行〉此章之解，加以批評。

要之，熊先生深會孔孟思想，精熟宋明理學，因此，當抗日戰爭期間，目擊國難，感慨尤多，故對於理學家之流於纖柔，也格外能抉發其缺失。

(三)指陳社會風氣萎靡

滿清末年，政治腐敗，國勢大衰，外患頻仍，戰禍連年，引來許多列強的侵凌，訂立許多不平等條約，民心士氣，均大受影響，社會上的淳厚風氣，逐漸敗壞，至於辛亥革命以後，軍閥爭鬥，據地稱雄，黨同伐異，社會人民，受苦益深，風氣益加萎靡，熊十力先生對於這種現象，深加痛惜，也想從人心世道方面，加以挽救，他說：

今世衰俗敝，有過五季，貪污、淫靡、庸闇、污賤、浮詉、險猜，毫無人紀，吾為此懼，爰述〈儒行〉。13

又說：

吾國民元以來，黨人如敦〈儒行〉，則不至以私欲比黨而禍國。14

熊先生目睹世道衰微，人心陷溺，風氣萎靡，因此，他希望藉著宣揚〈儒行〉，從而達到挽回沉淪，重振人心的目的。〈儒行〉憂思章說：

> 儒有今人與居，古人與稽，今世行之，後世以為楷，適弗逢世，上弗援，下弗推，讒諂之民，有比黨而危之者。身可危也，而志不可奪也，雖危起居，竟信其志，猶將不忘百姓之病也，其憂思有如此者。

熊十力《讀經示要》說：

> 儒者志氣高厚，與古之大人合，必不與並世愚賤者合，《正義》：「楷，法式也。」言儒者行事，以為後世楷模。儒者當昏亂之世，其志氣上同於天，其前識，遠燭未來，而知當世之所趨，孰為迷失正道以亡，孰為開物成務而吉，其定力則獨挽頹流，而特立不懼，其大願，則孤秉正學，以爍群昏，百獸躑躅，而獨為獅子吼，雖所之與世左，「上弗援，下弗推」，儒者身窮而道不窮也。民德民智之未進，而相比黨，以圖政柄，則黠

13 熊十力：《讀經示要》，頁二〇六。

14 熊十力：《讀經示要》，頁二三二。

桀者為之魁，而無知之氓附之，相與顛倒是非，變亂黑白，諂行，而正士危，古今所同慨，〈儒行〉一篇，其七十子後學當戰國之衰而作乎，憂患深矣。15

在詮解〈儒行〉此章時，熊先生因為有感於當時社會風氣之萎靡，所以特別強調儒者面對此等情況，應該具備憂世濟民之志「不忘百姓之病」，方能秉持素志，力求挽救沉淪。

要之，熊先生在抗戰時期，目睹當時社會情況，憂思極深，故於詮解〈儒行〉之時，作大海潮音獅子吼，希望有所匡濟，也是書生報國一番深心的表現。

(四)激勵國人承擔氣概

抗戰晚期，國事蜩螗，熊十力先生在闡釋〈儒行〉時，也特別激勵國人，鼓舞士子，刻苦力學，勇於承擔，從而對於拯救國家民族的危亡，貢獻一己的力量。〈儒行〉自立章說：

儒有忠信以為甲胄，禮義以為干櫓，戴仁而行，抱義而處，雖有暴政，不更其所，其自立有如此者。

熊十力《讀經示要》說：

暴亂之政，儒者必結合群策群力，以圖改革，不以險難而更其志操也。16

在詮解〈儒行〉此章時，熊先生所強調的，是儒者具有以兼善天下為己任的氣概，雖遇艱難困苦，也當廣結志士，力謀改易，共挽危亡，以登民眾於衽席。

又如〈儒行〉特立獨行章說：

儒有澡身而浴德，陳言而伏，靜而正之，上弗知也，麤而翹之，又不急為也，不臨深而為高，不加少而為多，世治不輕，世亂不沮，同弗與，異弗非也，其特立獨行有如此者。

熊十力《讀經示要》說：

天下有甚深之淵，謂潛伏之勢力也，從來政治社會等等方面，當某種勢力乘權，而弊或伏，則將有反動思想醞釀而未形，責久，則乘勢者不戒，而弊日深，於是反動之勢，益

15 熊十力：《讀經示要》，頁二一六。

16 熊十力：《讀經示要》，頁二一五。

增盛而不可遏，故御世之大儒，常思天下之利，或失之於不均，而流極難挽，天下之巨禍，或伏於無形，而爆發可憂，故不可以我之足以臨乎其深潛之勢而制之，遂自居高，以為無患也，當思危，而求均平之道耳，……世亂不沮，世亂，則人皆退沮，儒者早察亂源於無事無日，凡社會上經制之不平，政治上舉措之大過，儒者皆詳其理之所未當，勢之所必趨，流極之必至於己甚，故當亂之己形，恆奮其大勇無所怖畏之精神，率群眾以革故取新，《易》所謂開物成務是也，……古之所謂特立獨行者，出乎其類，拔乎其萃，不與時風眾勢俱靡，常能包通萬有，含弘光大，先天下而開其物，成其務者也，漢以來經師之學，解不及此，乃以偏至之行，或曲謹之節，說為特立獨行，則其狹小亦甚矣。17

在詮解〈儒行〉此章時，熊先生強調了「御世之大儒」，當「常思天下之利」，也應「奮其大勇無所怖畏之精神，率群眾以革故取新」，才是〈儒行〉此章所謂儒者「特立獨行」，承擔大任的精神。

要之，熊先生身當抗日戰爭，國族阽危之際，表彰〈儒行〉，自然有激勵國人，勇敢承擔之心意在也。

四、結語

熊十力先生早年研究佛學，及講學北大，歸宗大《易》，會通儒佛，著《新唯識論》，至於年事漸長，更歷艱困，心有所感，乃著《讀經示要》，倡導讀經，他說：「夫《六經》廣大，無所不包通，而窮極萬化真源，則大道恆常，人生不可不實體之也。若乃群變無常，敷宣治理，莫妙於經。」又說：「立人極，奉天常，正性分，利群生，莫大乎經學，豈可一日廢而不講耶？」但是，《六經》浩繁，其旨深微，故熊先生於《讀經示要》中，提示《六經》要旨之外，也特別表彰〈大學〉及〈儒行〉兩篇，他說：「經旨廣博，〈大學〉為之總括，三綱八目，範圍天地，乾坤可毀，此理不易，續述〈儒行〉，皆人生之至正至常，對可不力踐者。故經者常道，不可不讀。」又說：「〈大學〉、〈儒行〉二篇，皆貫穿群經，而撮其要最，詳其條貫，揭其宗旨，博大宏深，蓋皆以簡少之文，而攝無量義也。二三子讀經，從此入手，必無茫然不知問津之感。讀盡《六經》之後，又復迴玩二篇，當覺意思深遠，與初讀時，絕不相同。」

要之，熊十力先生於抗日戰爭晚期，有感於日寇侵略，國步艱難，社會萎靡，欲振興民族，激勵人心，故於所著《讀經示要》之中，提倡士子多讀經書之餘，又特別表彰〈大學〉與〈儒行〉兩篇，實有其特殊之時代意義存在。

17　熊十力：《讀經示要》，頁二二一。

陸、《春秋》嚴夷夏進退——馬一浮《復性書院講錄》探微

一、引言

馬一浮（一八八三～一九六七）名浮，字一浮，號湛翁，浙江紹興人。早年留學美國、日本，學習英、德、日語，閱讀西方哲學著述，並曾翻譯多種西學名著，如馬克思《資本論》、塞萬提斯《唐吉訶德》、托爾斯泰《藝術論》等。

馬先生二十四歲返國，寄居杭州西湖廣化市寺，就近遍讀文瀾閣《四庫全書》，默然自修，不求聞達。

民國五年，蔡元培任北今京大學校長，請馬先生出任北大文科學長，先生以「古聞來學，未聞往教」為由相辭。

民國二十六年（一九三七），馬先生年五十五歲，抗日軍興，日軍進攻上海，進逼杭州，馬先生避寇西遷，前往江西泰和，應浙江大學校長竺可楨之聘，任特約講座，講授國學，先成《泰和會語》一書，又遷往廣西宜山，繼續講學，續成《宜山會語》一書。

民國二十八年（一九三九），國民政府主席蔣中正，尊崇馬先生德望，命教育部長陳立夫邀請馬先生，於四川樂山烏尤寺創立復性書院，請馬先生擔任主講，招收學生，開壇講學，期以昌明學術，端正人心，數年之間，續成《復性書院講錄》及《爾雅臺答問》等書，並刊印「儒林典要」多種。

在《泰和會語》中，有幾篇文章，可算是馬先生的思想重心所在，那就是：〈論六藝該攝一切學術〉、〈論六藝統攝於一心〉、〈論西來學術亦統於六藝〉等。*1*

馬先生的為學，雖然是博極羣書，兼綜儒佛，但其思想的重心，卻仍然是落在儒家的六藝（六經）之中，他認為《詩》、《書》、《易》、《禮》、《樂》、《春秋》六藝，不應是呆板的六部經典，而當是廣義地顯示出六種學術，其內容則可以該攝一切文化。

馬先生說：「天下萬事萬物，不能外於六藝，六藝之道，不能外於自心。」又說：「天地一日不毀，此心一日不亡，六藝之道，亦一日不絕，人類如欲拔出黑暗而趨光明之途，捨此無由也。」（見《宜山會語》．〈說忠信篤實〉）由此可見六經的重要性。

上述《泰和會語》中那三篇文章，是馬先生思想中獨到的見解，對於六經，總提其要，而會歸於一心，至於《復性書院講錄》，則是馬先生在抗戰期間講學時，激勵學子們的志氣，而抒發六經要義的重要著作。

二、探微

馬一浮先生《復性書院講錄》一共六卷，計為卷一收有：〈開講日示諸生〉、〈學規〉、〈讀書法〉、〈通治羣經必讀諸書舉要〉。卷二收有：〈題識〉、〈羣經大義總說〉、及〈論語大義〉十篇。卷三收有：〈孝經大義序說〉、及〈孝經大義〉六篇。卷四收有：〈詩教緒論〉、〈禮教緒論〉。卷五收有：〈洪範約義序說〉、及〈洪範約義〉十篇。卷六收有：〈觀象卮言序說〉、〈觀象卮言〉八篇、〈刻觀象卮言後記〉。全書民在國三十一年（一九四二），陸續刻成出版。

《復性書院講錄》中的第二卷，講述〈論語大義〉十篇，乃是馬先生藉由《論語》而講述六經六藝的要旨，與《泰和會語》中〈六藝統攝於一心〉等數篇，可以相互印證發明，馬先生《復性書院講錄》卷一〈通治羣經必讀諸書舉要〉也說：「六藝皆孔氏遺書，七十子後學所傳，欲明其微言大義，當先求之《論語》，以其皆孔門問答之詞也，據《論語》以說六藝，庶

1 馬一浮：《泰和宜山會語合刻》，（臺北，廣文書局，民國六十九年）。

幾能得其旨。」2

以下，即就馬先生自《論語》中所闡發的六經要旨，加以探析。

㈠《詩經》要旨

馬一浮《復性書院講錄》卷二〈論語大義・一〉說：「《論語》大義，無往而非六藝之要。」又說：「《論語》有三大問目：一問仁；一問政；一問孝。凡答問仁者，皆《詩》教義也。答問政者，皆《書》教義也。答問孝者，皆《禮》、《樂》教義也。」3所以，馬先生為曉喻學子，講明六經要旨，乃就《論語》一書之中，枚舉六藝的大義。

馬先生在〈論語大義・一〉中又說：「仁是心之全德。」又說：「故聖人始教，以詩為先。詩以感為體。令人感發興起，必假言說，故一切言語之足以感人者，皆詩也。此心之所以能感者，便是仁，故《詩》教主仁。說者聞者，同時俱感於此，便可驗仁。」4馬先生以為，人有仁心，仁心能受外物感發興起，便是詩之作用。所以，「學者第一事，便是識仁。」

《論語・顏淵》記：「顏淵問仁，子曰，克己復禮為仁，一日克己復禮，天下歸仁焉，為仁由己，而由人乎哉！顏淵請問其目，子曰，非禮勿視，非禮勿聽，非禮勿言，非禮勿動，顏淵曰，回雖不敏，請事斯語矣。」馬先生說：「顏淵直下承當，便請問其目。孔子拈出視聽言動一於禮，說仁之親切無過於此。顏淵一力擔荷，此是孔門問仁第一等公案。」5顏淵在孔門之中，名列高弟，既問仁於孔子，孔子答以「克己復禮」，一日克己復禮，天下即可返歸於仁德，此事全由自己作主，而不必假手於他人，顏淵因此，續問其實踐之細節，孔子乃答以「非禮」勿視聽言動四者，故馬先生以為，此一公案，於孔門師生問答行仁之中，最為親切有味。

《論語・顏淵》又記：「仲弓問仁，子曰，出門如見大賓，使民如承大祭，己所不欲，勿施於人，在邦無怨，在家無怨，仲弓曰，雍雖不敏，請事斯語矣。」馬先生說：「仲弓問仁，孔子告以敬恕，仲弓亦一力擔荷，此皆是興之榜樣，不如此，不足為興也。」6 仲弓問仁於孔子，孔子告以敬恕之道，出門如見大賓，使民如承大祭，為敬之精神，己所不欲，勿施於人，為恕之精神，仲弓也如顏淵一般，能由孔子之言，興發一己聯想，而有所啟悟，故馬先生以為，顏淵仲弓二人這種感發啟悟的精神，正是詩教的表現。

《論語・里仁》記：「子曰，參乎，吾道一以貫之，曾子曰，唯。子出，門人問曰，何謂也？曾子曰，夫子之道，忠恕而已矣。」馬先生說：「此是自解，作活計如此，方是興於詩，以其感而遂通，全不在言語邊，而真能得其旨也。」7 孔子告曾子以「一貫之道」，曾子默然

---

2 馬一浮：《復性書院講錄》卷一，（臺北，廣文書局，民國五十三年）。
3 馬一浮：《復性書院講錄》卷二，頁十。
4 馬一浮：《復性書院講錄》卷二，頁十二。
5 馬一浮：《復性書院講錄》卷二，頁十四。
6 馬一浮：《復性書院講錄》卷二，頁十四。
7 馬一浮：《復性書院講錄》卷二，頁十四。

自解自悟於心，能得夫子之旨，而不全依於言語作媒介，故馬先生以為，曾子才是真能體會實踐「興於詩」的要義。

《論語・里仁》又記：「子曰，苟志於仁，無惡也。」又記：「子曰，唯仁者能好人，能惡人。」又記：「子曰，我未見好仁者，惡不仁者。好仁者，無以尚之。惡不仁者，其為仁矣，不使不仁者加乎其身。有能一日用其力於仁矣乎，我未見力不足者，蓋有之矣，我未之見也。」對於以上三章孔子之言，馬先生說：「自非見得端的，好惡安能如是之切。此皆詩教之義也。」[8]馬先生以為，前述《論語・里仁》所記三章孔子之言，都是孔子對仁德有深刻端正的體悟，才能觀察世人的行為，有深刻的瞭解。

《論語・子罕》記：「唐棣之華，偏其反面，豈不爾思，室是遠而。」〈大學〉說：「《詩》云，緡蠻黃鳥，止于丘隅。子曰，於止知其所止，可以人而不如鳥乎？」《孟子・離婁》說：「有孺子歌曰，滄浪之水清兮，可以濯我纓，滄浪之水濁兮，可以濯我足。孔子曰，小子聽之，清斯濯纓，濁斯濯足矣，自取之也。」

馬先生引述這三段文字之後，說道：「詩人感悟起興，言在此而意在彼，故貴乎神解，其味無窮。」又說：「聖人感人心而天下和平，詩之效也。」又說：「凡《論語》問仁處，當作如此會。」[9]從而抒發《詩經》的要旨。

(二)《尚書》要旨

馬先生《復性書院講錄》卷二〈論語大義・二〉，以為凡《論語》論政之言，皆屬《書》教，他引用宋人蔡沈《書集傳・序》說：「禮樂教化，心之發也。典章制度，心之著也。家齊國治而天下平，心之推也。心之德其盛矣乎。二帝三王，存此心者也。夏桀商受，亡此心者也。太甲成王困，而存此心者也。存則治，亡則亂。治亂之分，顧其心之存不存如何耳。後世有志於二帝三王之治者，不可不求其道。有志於二帝三王之道者，不可不求其心。」馬先生以為，這段文字，是「自來說《尚書》大義，未有精於此者。」10

《論語・為政》記：「子曰，為政以德，譬如北辰，居其所，而眾星共之。」馬先生以為，此章是《書經》的要義，因為，「德是政之本，政是德之迹」11。

《論語・為政》又記：「子曰，道之以政，齊之以刑，民免而無恥。道之以德，齊之以禮，有恥且格。」馬先生也以為，此章數語，「將一切政治得失判盡」12，可以說是將政治的要義，清楚地交待。

馬先生以為，《尚書》中多稱嘆君德之語，如「欽明文思安安，永恭克讓」，「溫恭永

8 馬一浮：《復性書院講錄》卷二，頁十四。
9 馬一浮：《復性書院講錄》卷二，頁十五。
10 馬一浮：《復性書院講錄》卷二，頁十六。
11 馬一浮：《復性書院講錄》卷二，頁十七。
12 馬一浮：《復性書院講錄》卷二，頁十七。

塞，克明峻德」，「玄德升聞，惇德永元」，因此，「《書》教之旨，以德為本，明矣」13。《論語・堯曰》記：「堯曰，咨，爾舜！天之曆數在爾躬，永執其中，四海困窮，天祿永終。舜亦以命禹，曰，予小子履，敢用玄牡，敢昭告于皇皇后帝，有罪不敢赦，帝臣不蔽，簡在帝心。朕躬有罪，無以萬方，萬方有罪，罪在朕躬。周有大賚，善人是富，雖有周親，不如仁人，百姓有過，在予一人。」馬先生以為，「二帝三王之用心如此」，所以認為是「《書》教之旨也」14。

(三)《禮》、《樂》要旨

馬先生《復性書院講錄》卷二〈論語大義・三〉說：「禮者，天地之序。樂者，天地之和。《易・序卦》曰：有夫婦，然後有父子；有父子，然後有君臣；有君臣，然後有上下；有上下，然後禮義有所錯。此自然之序也。」15因此，人倫之間的自然秩序，自然調和，便是禮樂精神的發揮。而人倫之間的自然秩序，也必然從孝弟之義開始。

《論語・學而》記：「有子曰，其為人也孝第，而好犯上者鮮矣，不好犯上，而好作亂者，未之有也。君子務本，本立而道生，孝第也者，其為人之本與！」《孟子・離婁》記：「孟子曰，仁之實，事親是也。義之實，從兄是也。知之實，知斯二者弗去是也。禮之實，節文，斯二者是也。樂之實，樂斯二者，樂則生矣。生則惡可已也。」馬先生以為，仁義之道，禮樂之源，必自人倫孝弟開始，才是根本之道。

《論語・學而》記：「曾子曰，慎終追遠，民德歸厚矣。」馬先生以為，「禮莫重於喪祭。喪禮，是慎終。祭禮，是追遠。故喪祭之禮廢，則倍死忘生者眾」[16]，故以為，「宰我問三年之喪，期已久矣一章，是聖人吃緊為人處，即喪禮之要義也」[17]。

馬先生又指出，「《論語》中凡言不爭者，皆禮教義。凡言無怨者，皆樂教義。」[18] 因此，像《論語》中所記述的「求仁而得仁，又何怨」，「不念舊惡，怨是用希」，「在邦無怨，在家無怨」，「不怨天，不尤人」，皆本於孝也。像「揖讓而升，下而飲，其爭也君子」，「綏之斯來，動之斯和」，「於鄉黨恂恂如也，似不能言者」，皆本於弟也。

《禮記・樂記》說：「樂至則無怨，禮至則不爭。暴民不作，諸侯賓服，兵革不試，五刑不用，百姓無患，天子不怒，如此則樂達矣。合父子之親，明長幼之序，以敬四海之內，如此則禮行矣。」一個社會，能禮行樂達，人倫敦睦，自然是祥和並臻，幸福長臨。馬先生以為，這樣才是達到了禮樂之教的目標。

---

13 馬一浮：《復性書院講錄》卷二，頁十七。

14 馬一浮：《復性書院講錄》卷二，頁十八。

15 馬一浮：《復性書院講錄》卷二，頁二十三。

16 馬一浮：《復性書院講錄》卷二，頁二十八。

17 馬一浮：《復性書院講錄》卷二，頁三十三。

18 馬一浮：《復性書院講錄》卷二，頁三十六。

(四)《易經》要旨

馬一浮先生《復性書院講錄》卷二〈論語大義・六〉討論《易經》要旨。《論語・述而》記：「子曰，加我數年，五十以學《易》，可以無大過矣。」《論語・里仁》記：「子曰，朝聞道，夕死可矣。」馬先生說：「上句是指工夫，下句是指效驗。」[19] 馬先生也指出，根據《史記・孔子世家》，孔子晚而好《易》，讀《易》韋編三絕。則孔子「可以無大過」之言，已是年將七十之時，而「朝聞道，夕死可矣」之語，雖不知何時所言，但此兩章記孔子之言，語脈卻相一致，應該並非早年之說，所以，「聖人到七十之年，尚自居學地，其言如此」，對於後學，激勵至大。

馬先生以為，「欲知學《易》之道，當求之〈十翼〉」。他舉出，例如〈繫辭傳〉所記：「君子所居而安者，《易》之序，所樂而玩者，爻之辭也。是故君子居則觀其象而玩其辭，動則觀其變而玩其占。」即此便是學《易》之道。又例如〈繫辭傳〉所記：「《易》之為書也，不可遠，為道也屢遷。變動不居，周流六虛，上下無常，剛柔相易，不可為典要，唯變所適。其出入以度，外內使知懼，以明於憂患與故，無有師保，如臨父母。初率其辭而揆其方，既有典常，苟非其人，道不虛行。」又記：「《易》之興也，其當殷之末世，周之盛德邪？當文王與紂之爭邪？是故其辭危。危者使平，易者使傾，其道甚大，百物不廢，懼以終始，其要無咎，此之謂《易》之道也。」馬先生以為，學《易》者，能夠「明此兩節，乃知學《易》用力處何在，與《論語》可無大過之言相應」[20]。

馬先生又指出說：「凡〈大象〉及〈繫傳〉中所用『以』字，皆須著眼，不可放過。」[21]例如「聖人以此洗心，退藏於密」，「聖人以此齋戒，以神明其德」，「因貳以濟民行，以明失得之報」，「和順於道德而理於義，窮理盡性以至於命」，都是強調教人返諸身心，以潛沉體會，這些重點，都是「學《易》之道也」。

《論語．子罕》記：「子在川上，曰，逝者如斯夫，不捨晝夜。」馬先生指出，「此即於遷流中見不遷，於變易中見不易。」[22]另外，《易緯．乾鑿度》曾說：「易者，其德也。變易者，其氣也。不易者，其位也。」馬先生以為，「位」字如果改為「理」字，其義尤顯，更能彰顯《易》理的要旨與特性。

(五)《春秋》要旨

在《論語大義》卷二中，馬先生指出，《春秋》的要旨，共有四項，一是「夷夏進退」、

19 馬一浮：《復性書院講錄》卷二，頁三十八。
20 馬一浮：《復性書院講錄》卷二，頁三十九。
21 馬一浮：《復性書院講錄》卷二，頁四十二。
22 馬一浮：《復性書院講錄》卷二，頁四十三。

二是「文質損益」、三是「刑德貴賤」、四是「經權予奪」。

以下，即就此四項要旨，依據馬先生的提示，加以闡釋。

1. 論夷夏進退義

馬一浮《復性書院講錄》卷二《論語大義・九》說：

《論語》曰：「夷狄之有君，不如諸夏之無也。」此在正名，大義有二科，一正夷夏之名，一正君之名，《春秋》不予夷狄為禮，是以無禮為夷狄也。《春秋》「尊禮而重信，信重於地，禮尊於身」（《繁露・楚莊王篇》），故晉伐鮮虞則狄之（昭十二年），惡其伐同姓也。鄭伐許則狄之（成三年），惡其伐喪叛盟也（成二年，衛侯速卒，鄭師侵之，鄭與諸侯盟於蜀，以盟而歸，諸侯於是伐許），伐喪無義，叛盟無信，無義無信，是夷狄也。23

《春秋》昭公十二年記：「晉伐鮮虞。」《穀梁傳》說：「其曰晉，狄之也，其狄之，何也？不正其與夷狄交伐中國，故狄稱之也。」范寧《注》說：「鮮虞、姬姓，白狄也，地居中山，故曰中國，夷狄，謂楚也。」鮮虞為姬姓之國，與晉同姓，地居中山，而晉以大國，與夷狄之楚，攻伐同姓之國鮮虞，其行為之無禮，等同夷狄，故《春秋》以「狄」稱之，意在貶晉以為夷狄也。

又《春秋》成公二年記：「庚寅，衛侯速卒。」又記：「冬，楚師、鄭師侵衛。」是鄭人藉衛侯之喪，與夷狄之楚，而往伐之。《春秋》成公二年又記：「丙申，公及楚人、秦人、宋人、陳人、衛人、鄭人、齊人、曹人、邾人、薛人、鄫人，盟于蜀。」《春秋》成公三年記：「（冬，十有一月）鄭伐許。」何休《公羊解詁》說：「謂之鄭者，惡鄭襄公與楚同心，數侵伐諸夏，自此之後，中國盟會無已，兵革數起，夷狄比周為黨，故夷狄之。」范寧《穀梁傳注》說：「鄭從楚而伐衛之喪，又叛諸侯之盟，故狄之。」要之，晉鄭雖皆為中夏之國，而晉伐同姓之國，鄭則伐喪叛盟，故《春秋》皆以之為夷狄，故馬一浮先生以為，《春秋》乃「以無禮為夷狄也」24。

馬一浮先生《論語大義．九》又說：

> 邲之戰，不與晉而與楚子為禮（宣十二年），《繁露》曰：「晉變而為夷狄，楚變而為君子，故移其辭，以從其事。」（〈竹林篇〉）伯莒之戰（定四年），《公羊》曰：「吳何以稱子？夷狄也，而憂中國（善其救蔡），及吳入楚，何以不稱子？反夷狄也（其反夷狄，謂君舍於君室，大夫舍於大夫室，妻楚王之母，惡其無義）。」其進退之速如此，且楚為文王師鬻熊之後，吳為仲雍之後，固神盟之胄也，何以夷之？此見諸夏與夷狄之辨，以有禮義與

23 馬一浮：《復性書院講錄》卷二，頁五十四。
24 馬一浮：《復性書院講錄》卷二，頁五十五。

無禮義為斷，而非以種族國土為別，明矣。[25]

《春秋》宣公十二年記：「楚子圍鄭，夏，六月，乙卯，晉荀林父帥師，及楚子戰於邲，晉師敗績。」邲之戰，楚勝晉敗，《左傳》記楚莊王勝而能謙，不築武軍，不為京觀，以誌武功，又說，「夫文，止戈為武」，「夫武，禁暴、戢兵、保大、定功、安民、和眾、豐財者也」，「武有七德，我無一焉，何以示子孫」，故《公羊傳》以為，楚君有禮，因加稱許，而說：「大夫不敵君，此其稱名氏以敵楚子何？不與晉而與楚子為禮也。」而董仲舒《春秋繁露．竹林篇》也說：「《春秋》無通辭，從變而移，今晉變而為夷狄，楚變而為君子，故移其辭，以從其事。」故移變其文辭，對楚君加以稱許。

又《春秋》定公四年記：「冬，十有一月，庚午，蔡侯以吳子及楚子戰于伯莒，楚師敗績。」考楚大臣伍子胥之父，為楚昭王所誅，子胥奔吳，時蔡昭公朝於楚，昭公有美裘服，楚大臣囊瓦求之，昭公不與，乃拘昭公，囚之數年，方始歸之，及楚伐蔡，蔡求救於吳，於是吳人從蔡人與楚人戰於伯莒，大敗楚軍，《公羊傳》說：「吳何以稱子？夷狄也，而憂中國。」以為吳雖為邊鄙之國，而能為中原諸侯分其所憂，討伐夷狄之楚，故不稱吳為「人」，而稱為「子」，用以褒之。及吳軍戰勝，《春秋》定公四年又記：「楚囊瓦出奔鄭，庚辰，吳入楚。」《公羊傳》說：「吳何以不稱子？反夷狄也，反夷狄奈何？君舍于君室，大夫舍于大夫室，蓋妻楚王之母也。」吳軍乘勝入楚國首都郢城，吳君居楚君之宮，吳大夫居楚大夫之室，吳君以楚君之母為其妻，行為野鄙，故《春秋》逕稱之為「吳」，不復再稱之為「吳子」，以為吳國復返於夷狄之行，故貶之也。《春秋》於吳國，一年之內，或褒之稱「吳子」，或貶之稱「吳」，故馬先生以為，「其進退之速如此」[26]。

馬先生討論《春秋》要旨，於「夷夏進退」之義，先行舉出「中國進入夷狄則夷狄之」之兩例，又復舉出「夷狄進於中國則中國之」之兩例，而總括之以謂，「此見諸夏與夷狄之辨，以有禮義與無禮義為斷，而非以種族國土為別，明矣。」[27]其進退夷夏，嚴厲如此。

2. 論文質損益義

馬一浮《論語大義・十》說：

「棘子成曰，君子質而已矣，何以文為？子貢非之曰，文猶質也，質猶文也，虎豹之鞟，猶犬羊之鞟」，「子曰，質勝文則野，文勝質則史，文質彬彬，然後君子」，此可證也。「周監於二代，郁郁乎文哉，吾從周」復曰，「先進於禮樂，野人也，後進於禮樂，君子也，如用之，則吾從先進」，從周，則疑於棄質，從先進，又疑於棄文，聖人

25 馬一浮：《復性書院講錄》卷二，頁五十五。
26 馬一浮：《復性書院講錄》卷二，頁五十五。
27 馬一浮：《復性書院講錄》卷二，頁五十五。

損益之宜，亦是難見，如曰，「麻冕，禮也，今也純，儉，吾從眾。拜下，禮也，今拜乎上，泰也，雖違眾，吾從下」，從儉是質，從下是文，以此求之，略可知也。28

「棘子成」一節，見於《論語．顏淵篇》，棘子成乃衛之大夫，他以為君子之人，專尚本質即可，不必兼尚文采，故子貢惜之，以為棘子成之論君子，意義錯失，而一言既出，已如駟馬難追，子貢以為，文采與本質，重要相同，皆不可少，如君子之行，僅有本質，而無文采，則如虎豹去其皮毛，乃與犬羊去其皮毛，兩不相異，則君子之行，也與小人之行，無所分別了，故馬先生又引《論語．雍也篇》夫子之言，「質勝文則野文，文勝質則史」，以為「文質彬彬」，兩者兼具，然後方為君子。

馬先生又引《論語．八佾篇》孔子論「周監於二代」之言，以為周在夏商之後，能詳審二代之得失，因而禮樂典制，郁然美盛，故主張「從周」之文，但是，《論語．先進篇》引孔子之言，以為先進之輩，對於禮樂，文質得宜，似較樸野，後進之輩，對於禮樂，文過其質，似近君子，而孔子用之，則寧願依從先進者之行為，然而，比較前引兩章孔子之言，則馬先生以為，若「從周」則不免棄質從文，「若從先進」，又不免棄文從質，則聖人於「損益之宜，亦是難見」，因而，馬先生再引《論語．子罕篇》孔子之言，以為古代行禮，多戴麻布之冕，而現今改戴黑色絲冕，則較為節儉，故孔子也從眾人習慣，戴絲冕以求儉。至於古代君臣相見之禮，臣拜君於堂下，而現今臣拜君於堂上，則臣子之行為，不免有驕泰之色，故孔子寧願違背眾人習慣，仍守拜君於堂下之禮。要之，馬先生以為，「從儉是質，從下是文」29，孔子或從質，或從文，隨宜而定，要在注重禮之精義而已，後人以此求之，則於文質損益之用，大略可知。

馬一浮《論語大義》又說：

林放問禮之本，子曰：「禮，與其奢也，寧儉，喪，與其易也，寧戚。」按《春秋》作南門（僖二十年），刻桷丹楹（莊二十二年、二十四年）、作雉門及兩觀（定二年）、築三臺（莊三十一年）、新延廄（莊二十九年），皆譏，為其驕溢不恤下，惡奢也。譏文公喪取，按經文，距僖公薨已踰四十一月，何以謂之喪取？以納幣之月在喪分，董生曰：「《春秋》之論事，莫重於志，三年之喪，畢，猶宜未平於心，今全無悼遠之志，是《春秋》所甚疾也，惡其不戚也。」是知答林放之問，亦《春秋》之旨也，儉與廉，是質，奢與易，是文，此損文以就質，猶棄麻冕而用純也，拜下近文，拜上近質，惡其泰而漸至於僭也，則又損質以就文，於此可見損益之微旨。30

28 馬一浮：《復性書院講錄》卷二，頁五十七。
29 馬一浮：《復性書院講錄》卷二，頁五十八。
30 馬一浮：《復性書院講錄》卷二，頁五十八。

《論語·八佾篇》記「林放問禮之本」，孔子回答，以為禮之用，寧取儉戚，不取奢易，至於《春秋》所記僖公「新作南門」，不合古制，莊公「丹桓宮楹」、「刻桓宮桷」，漆桓公廟寢為丹色、刻桓廟寢之椽柱，定公「新作雉門及兩觀」，復修火災後之雉門及兩觀飾品，以及莊公連續「築臺于郎」、「築臺于薛」、「築臺于秦」，繕修延廄，「新延廄」，《公羊傳》並皆稱「譏」，皆因其驕奢在上，而不恤憫下民之故。

又《春秋》僖公三十三年記：「十有二月，（僖）公至自齊，乙巳，公薨于小寢。」又文公二年記：「（冬）公子遂如齊納幣。」《公羊傳》說：「納幣不書，此何以書？譏，何譏爾？譏喪娶也，娶在三年之外，則何譏乎喪娶？三年之內不圖婚。」故董仲舒《春秋繁露·玉杯篇》亦譏文公喪娶，「惡其不戚也」，憎惡文公在喪期內已納聘，而無哀戚之情，故馬先生以為，文之與質，應兩相兼具，適時而用，方才是聖人對於文質損益而用的意旨。

3. 論刑德貴賤義

馬一浮《論語大義·十》說：

「陽為德，陰為刑」，《大戴禮》引孔子言，董生對策本此，略曰：「刑主殺，而德主生，陽常居大夏，而以生育長養為事，陰常居大冬，而積於空虛不用之處，以此見天子任德不任刑，刑之不可任以成世，猶陰之不可任以成歲也，為政而任刑，謂之逆天，非王道也，（亦見《繁露·陽尊陰卑篇》）。此其義，出於「為政以德」及「道之以政」二章，《論語》申此義者，隨處可見，如曰，「善人為邦百年，亦可以勝殘去殺矣」，對季康子曰，「子為政，焉用殺」，宰我對哀公問社，「周人以栗，曰，使民戰栗」，孔子惡之，蓋聖人行王政，必極於刑措不用，因惡刑而亦欲去兵，衛靈公問陳，對曰，「軍旅之事，未之學也」，答子貢，明言「去兵」，因惡刑而亦欲去獄訟，〈大學〉引孔子曰，「聽訟，吾猶人也，必也使無訟乎」。[31]

馬先生引孔子「陽為德，陰為刑」之言，引董仲舒「刑主殺，德主生」之言，以為為政之道，必當任德而不任刑，以致於兵爭戰伐獄訟之事，皆非所當貴所當重之事，方屬於仁政王道之行為。

馬一浮先生《論語大義．十》又說：

《孟子》曰：「王者之師，有征而無戰，湯東面而征，西夷怨，南面而征，北狄怨。」征者正也，以義正之，戰則為敵對之辭，《公羊傳》曰：「王者無敵，故言征不言戰也。」禮樂是德，征伐是刑，禮樂之失，而為僭差，征伐之失，而為攻戰，《春秋》為是而作，故孟子曰：「五伯，三王之罪人也。」董生曰：「《春秋》之辭，有賤者，有

31 馬一浮：《復性書院講錄》卷二，頁六十。

賤乎賤者，（哀四年，「盜殺蔡侯申」，《公羊傳》曰：「弒君，賤者窮諸人，此其稱盜何？賤乎賤者也。」）夫有賤乎賤者，則亦有貴乎貴者矣。（言有尤賤尤貴者，如盜賤於人，仁貴於讓。）」推任德不任刑之旨，而後聖人之所貴賤可知也。32

《春秋》哀公四年記：「春，王二月，庚戌，盜殺蔡侯申。」據《左傳》所記，殺蔡昭侯者，乃蔡大夫公孫翩，而《公羊傳》說：「弒君，賤者窮諸人，此其稱盜以弒何？賤乎賤者也，賤乎賤者孰謂？謂罪人也。」以為弒君之罪大，故貶之稱「人」，至於不稱人而稱「盜」，則是其賤尤有賤於稱「人」者，因此，馬一浮先生以為，聖人主張任德而不任刑，只有從德與刑的差別之處，才可以見出孔子心目中所貴及所賤之事項。

4. **論經權予奪義**

馬一浮《論語大義・十》說：

子曰，「可與立，未可與權」，謂虞仲夷逸，「廢中權」，謂管仲，「豈若匹夫匹婦之為諒」，是言權也。「志士仁人，有殺身以成仁，無求生以害仁」，「自古皆有死，民無信不立」，是言經也。「微管仲，吾其披髮左衽矣」，以功則予之，「管仲之器小哉」，「管氏而知禮，孰不知禮」，以禮則奪之，《春秋》之予奪，以此推之，可知也。33

《論語・子罕》說：「子曰，可與共學，未可與適道，可與適道，未可與立，可與立，未可與權。」《朱注》說：「權，稱錘也，所以稱物而輕重者也，可與權，謂能權經重，使合義也。」《論語・微子》引孔子論虞仲、夷逸二人：「隱居放言，身中清，廢中權。」《朱注》謂虞仲、夷逸二人：「隱居獨善，合乎道之清，放言自廢，合乎道之權。」《論語・憲問》說：「子曰，管仲相桓公，霸諸侯，一匡天下，民到于今受其賜，微管仲，吾其被髮左衽矣，豈若匹夫匹婦之為諒也，自經於溝瀆而莫之知也。」豈若匹夫匹婦兩句，指管仲權衡輕重，而不似小民之自剄以求免罪。以上所引，馬先生指為乃孔子論「行權」之處。《論語・衛靈公》說。「子曰，志士仁人，無求生以害仁，有殺身以成仁。」《朱注》說：「理當死而求生，則於其心有不安矣，是害其心之德也，當死而死，則心安而德全矣。」《論語・顏淵》引孔子說：「自古皆有死，民無信不立。」《朱注》說：「寧死而不失信於民。」以上所引，馬先生指為乃孔子論「守經」之處。至於孔子謂「微管仲，吾其被髮左衽矣」，則是因管仲有大功於中夏民族，故特予稱許，而《論語・八佾》記孔子謂「管仲之器小哉」，「管氏而知禮，孰不知禮」，則是以禮制相衡量，而指斥管仲，而不予以稱許之也。馬先生以為，即就孔子所論「經」、「權」、「予」、「奪」之義，而《春秋》之「經、權、予、奪」要旨，也從而可

32 馬一浮：《復性書院講錄》卷二，頁六十一。

33 馬一浮：《復性書院講錄》卷二，頁六十二。

知。

馬一浮先生《論語大義·十》又說：

> 董生曰：「《春秋》有經禮，有變禮，明乎經變之事，然後知輕重之分，可與適權矣。」（《繁露·玉英篇》）經禮，禮也，變禮，亦禮也，是知達於禮者，乃可與適權，其有達於常而不達於變，達於變而不達於常者，必於禮有未達也，淳于髡以援嫂溺比援天下，自以為達權，《孟子》曰：「天下溺，援之以道，子欲手援天下乎？」言不可以枉道為權也，孔子謂顏子，「用之則行，舍之則藏，唯我與爾有是夫！」是以可與權許之，孟子所謂「禹、稷、顏子、曾子、子思，易地則皆然」是也。34

馬先生以為，禮制雖有經禮變禮之異，而必須深通於禮制之義，方能明了於經權之事，《孟子·離婁上》引淳于髡所問「嫂溺，則援之以手乎」，進而問「今天下溺矣，夫子之不援，何也」，故以為「今天下大亂，民遭陷溺，亦當從權以援之，不可守先王之正道也」（《朱注》），而孟子回答則曰，「天下溺，援之以道，嫂溺，援之以手」，孟子以為，「天下溺，唯道可以救之，非若嫂溺可手援也，今子欲援天下，乃欲使我枉道求合，則先失其所以援之之具矣」（《朱注》），是以孟子以為，從權之事，也當以守經為本，而不可枉道以行之，故《論語，述而》中，孔子方以可以行權，稱許顏回，《孟子·離婁下》，孟子才說，「禹、稷、顏回同道」，「易地則皆然」，是以必須先能知常，而後才可以達變，故經權不能相離。

三、結論

馬一浮先生早年隱居於西子湖畔，默然自修，及至抗日軍興，他才跟隨浙江大學西遷，並在四川創立復性書院，招生講學，出版《復性書院講錄》，在《講錄》中，藉著講述《論語》大義，而闡釋六經要旨，其中所講，尤以講述《春秋》要旨，最為詳實，自是另具深意，而由《春秋》要旨中，尤其可以見出馬先生強調夷夏進退的嚴格，不以種族為依據，而以有無禮義道德為判斷的論旨，由此，更可見到馬先生於抗日戰爭時期，激勵國人，堅持正義，而對敵寇侵略，則警誡其勿成為人類之罪魁。因為，夷夏之間，為夷為夏，是可進可退的，但是，夷夏的分際，卻是極端嚴厲的。

34 馬一浮：《復性書院講錄》卷二，頁六十三。

柒、藉史注抒發隱衷——陳垣《通鑑胡注表微》探微

一、引言

北宋司馬光（一〇一九～一〇八六）所撰《資治通鑑》一書，凡二百九十四卷，編年記事，上起戰國三家分晉，下迄五代周世宗之征淮南，記述一千三百六十二年之史事，舉凡國家興衰之跡，生民休戚之事，其善可為法，惡可為戒者，都一一為之著錄，為編年史之鉅構。

南宋胡三省（一二三〇～一三〇二），號身之，理宗寶祐中進士，宋亡之後，隱居不出，撰《資治通鑑注》，歷三十年，其稿三度遺失，而艱辛重撰，終底於成，號稱精洽，《資治通鑑》文繁義博，貫串為難，三省所注，於象緯、推測、地形、建置、制度、沿革諸端，皆稱賅備。

陳垣（一八八〇～一九七一），號援庵，廣東新會人，為當代著名之史學家，與陳寅恪有史學二陳之稱，民國十八年至三十八年，任輔仁大學校長，著有《元西域人華化表》、《中國佛教史籍概論》、《明季滇黔佛教史考》等書，民國三十七年（一四九八），當選中央研究院第一屆院士。

陳垣先生於抗日戰爭時期，由於需要維持天主教輔仁大學的校務，而留居北平，他閱讀《資治通鑑》，因而心中感慨，乃撰成《通鑑胡注表微》一書，表彰胡三省於《通鑑注》中隱藏的涵意，同時也抒發自己心中的寓意，陳垣《通鑑胡注表微．小引》說：

頻年變亂，藏書漸以易粟，唯胡氏覆刻元本《通鑑》，尚是少年讀本，不忍棄去；且喜其字大，雖夾注亦與近代三號字型無異，頗便老眼。杜門無事，輒以此自遣。一日讀〈後晉紀〉開運三年胡注有曰：「臣妾之辱，唯晉宋為然，嗚呼痛哉！」又曰：「亡國之恥，言之者痛心，矧見之者乎！此程正叔所謂真知者也，天乎人乎！」讀竟不禁淒然者久之。*1*

陳先生說，「因念胡身之為文（天祥）、謝（枋得）、陸（秀夫）三公同年進士，宋亡，隱居二十餘年而後卒，顧《宋史》無傳，其著述，亦多不傳，所傳僅《鑑注》及《釋文辨誤》，世以是為音韻之學，不之注意，故言浙東學術者，多舉深寧（王應麟）、東發（黃震），而不及身之。

自考據學興，身之始以擅長地理稱於世。然身之豈獨長於地理已哉！其忠愛之忱見於《鑑注》者不一而足也。今特輯其精語七百數十條，為二十篇，前十篇言史法，後十篇言史事，其有微旨，並表而出之，都二十餘萬言，庶幾身之生平抱負，及治學精神，均可察見，不徒考據而已」，陳垣先生所撰《通鑑胡注表微》一書，共有二十篇，計為〈本朝篇第一〉、〈書法篇第二〉、〈校勘篇第三〉、〈解釋篇第四〉、〈避諱篇第五〉、〈考證篇第六〉、〈辨誤篇第七〉、〈評論篇第八〉、〈感慨篇第九〉、〈勸戒篇第十〉、〈治術篇第十一〉、〈臣節篇第十二〉、〈倫紀篇第十三〉、〈出處篇第十四〉、〈邊事篇第十五〉、〈夷夏篇第十六〉、〈民心篇第十七〉、〈釋老篇第十八〉、〈生死篇第十九〉、〈貨利篇第二十〉。此二十篇，乃陳垣先生針對胡三省《資治通鑑注》之內容，所歸納而得之重點，此二十篇，睹其名稱，略可識其各篇之要義，援庵先生，即就此二十篇中錄出之《通鑑》及《胡注》，尋覓胡氏所寄寓其中之微旨，分別加以表彰，而其「表微」之重點，綜合而言，則主要在於「陳古證今」，借用古代史事，以比喻推求後代之史事，一方面，他措心於南宋末年史事之隱喻，另一方面，他也用以抒發自己對於當代史事的感慨。

以下，即就陳先生書中，枚舉其例，用以說明。

1　見陳垣：《通鑑胡注表微》，書前〈小引〉，（臺北，洪氏出版社，民國六十九年）。

二、探微

《資治通鑑》是歷史的記載，因此，在書中自然反映出史事的教訓，胡三省的《通鑑注》，反映了他對史事的感慨，陳援庵的《胡注表微》，也反映了他自己對史事的感慨。以下所舉陳書的例子，前四例，偏重在抒發胡三省的隱衷，後四例，偏重在抒發陳先生自己的隱衷，前者屬於「古代史事」，後者屬於「當代史事」。

1. 《資治通鑑》記載：

周赧王二十三年，楚襄王迎婦於秦。溫公論曰：甚哉秦之無道也，殺其父而劫其子；楚之不競也，忍其父而婚其讎。

《胡注》說：

謂楚襄王父死於秦，是仇讎之國也，忍恥而與之婚。（卷四）

《表微》說：

此有憾於宋高宗之忘讎也。宋高宗父死於金，忍恥而與之和。朱子《文集》七五序魏元履編次紹興八年〈戊午讜議〉曰：「君父之讎，不與共戴天，而為之說者曰，復讎可盡五世，則又以明夫苟未及五世之外，猶在乎必報之域也。雖然，此特庶民之事耳。若夫有天下者，承萬世無疆之統，則亦有萬世必報之讎，非若庶民五世則親盡服窮而遂已也。」此明為南宋君臣言之，身之之解釋，亦猶是耳。[2]

今案《通鑑》此條記楚襄王迎新婦於秦，司馬光以為他的行事過分而逕加斥責，胡三省的注釋，也指斥楚襄王父死於秦，又婚娶於仇讎之國，是無恥之甚者，陳先生則逕指胡氏之注，乃「有憾於宋高宗之忘讎也」，並引述朱子之言加以評論佐證，以見胡氏之意，也當如是。

2. 《資治通鑑》記載：

(後周世宗)顯德三年，周兵圍壽春，唐齊王景達軍于濠州，遙為壽州聲援。軍政皆出陳覺，景達署紙尾而已。擁兵五萬，無決戰意。

《胡注》說：

---

2 見陳垣：《通鑑胡注表微》，頁五十六。

嗚呼！比年襄陽之陷，得非援兵不進之罪也！（二九三）

《表微》說：

咸淳襄陽之陷，全注凡三述之，一見〈本朝篇〉，兩見本篇，身之之痛心此事可知矣。襄陽之陷，固由援兵不進，然援兵何以不進，則實當國者之徇私妬賢，好諛專斷，有以致之。《宋史》四二二載陳仲微封事曰：「誤襄者不專在於庸閫疲將也，君相當分受其責。宣布十年養安之往繆，深懲六年玩寇之昨非。或謂陛下乏哭師之誓，師相飾分過之言，甚非所以慰恤死義，祈天悔禍之道也。監之先朝，宣和未亂之前，靖康既敗之後，凡前日之日近冕旒，奴顏婢膝，即今日奉賊稱臣之人也；彊力敏事，捷疾快意，即今日叛君賣國之人也。為國者亦何便於若人哉！」此身之所為長太息者也！3

今案宋理宗寶祐五年，元兵大舉南下，朝廷重用賈似道，及理宗崩，似道立度宗，愈益專擅，時元兵圍襄陽，守將呂文煥數度求援，似道皆不之救，度宗咸淳九年，襄陽城破，呂文煥降元，《通鑑》此條，記後唐齊王景達不救壽春之事，「擁兵五萬，無決戰意」，而胡三省之注，乃言「比年襄陽之圍，得非援兵不進之罪也」，故陳先生以為，此實胡氏藉古史以慨歎今事，「此身之所為長太息者也」。

3.《資治通鑑》記載：

唐德宗貞元五年，瓊州自乾封中，為山賊所陷。

《胡注》說：

瓊州在海中大洲上，中有黎母山，黎人居之，不輸王賦。所謂「山賊」，蓋黎人也。宋白曰：瓊州北十五里，極大海，泛大船使西南風帆，三日三夜到地名崖山門，入江，一日至新會縣。（二三三）

《表微》說：

釋瓊州何為涉及崖山？崖山在新會，為宋丞相陸秀夫負少帝殉國處，書以誌痛也。崖山海中有奇石，張弘範磨崖大書「張弘範滅宋於此」，以自夸耀。明提學趙瑤詩：「鐫功奇石張弘範，不是胡兒是漢兒。」指此也。成化間御史徐瑁，始命工削去。事見《道光

3 見陳垣：《通鑑胡注表微》，頁一八〇。

> 新會志》。張弘範刻石，身之未必知，都統蘇劉義等挾二王由浙入閩廣，終於崖山，《癸辛雜識》續集屢載之。胡、周同時，周既有所聞，胡不容不知也。[4]

今案《通鑑》此條僅言「瓊州」，但胡三省之注釋，卻兼言及崖山，兩地本不相涉，故援庵先生說，「崖山在新會，為宋丞相陸秀夫負少帝殉國處」，胡氏之注，「釋瓊州何為涉及崖山」？蓋三省「書以誌痛也」。況且張弘範以宋臣而滅宋，行事卑鄙，故胡三省隱約指出，而陳先生特別加以彰顯。

4.《資治通鑑》記載：

> 後周世宗顯德四年，蜀李太后以典兵者多非其人，謂蜀主曰：「以吾觀之，惟高彥儔太原舊人，終不負汝，自餘無足任者。」蜀主不能從。

《胡注》說：

> 及孟氏之亡，僅高彥儔一人能以死殉國。至蜀主之死，其母亦不食而卒。婦人志節如此，丈夫多有愧焉者。（二九二）

《表微》說：

此有感於宋楊太后之殉國也。新會崖山有大忠祠，祀宋丞相文天祥、陸秀夫、樞密使張世傑。又有全節廟，即慈元殿，祀楊太后。廟有陳白沙先生撰〈慈元廟碑〉，並書，文載《白沙子集》一。又有白沙弟子張詡撰〈全節廟碑〉云：「后，度宗之淑妃也。當胡兵直擣臨安時，帝后王臣，盡為俘虜，獨后負其子益王昰與廣王昺，航海奔閩。于是群臣奉昰即帝位，冊后為太后，帝崩，復立昺，奔崖山，依二三大臣陸秀夫輩，臥薪嘗膽，為宗社恢復圖。既而胡兵近逼崖山，陸秀夫知事不可為，負帝昺赴海死。后聞之，撫膺大慟曰：『我間關至此者，為趙氏一塊肉耳，今無望矣。』亦赴水死。惟宋三百年后妃之賢，前稱高、曹，後稱向、孟，亦皆可以為難矣，然皆處常而能正者耳。至於流離患難，卓然能炳大義，一君亡，復立一君，而以身殉之，其死也為社稷死，為國家死，為綱常死，為謹內外辨華夷死，所謂死有重於泰山者也，其有功於世教也大矣。」文載道光《新會志》四，蓋極力發揮后死之有價值者。全謝山〈慈元全節廟碑跋〉云：「宋楊太后殉崖山之難，至明弘治中，布政劉公大夏始為之廟，陳先生獻章始為之碑。陳先生書法最工，其書〈慈元廟碑〉尤加意，予謁祠下，搨其碑，而跋以詩曰：『高、

4 見陳垣：《通鑑胡注表微》，頁七十四。

曹、向、孟皆賢后，尚有芳魂殉落暉，一洗簽名臣妾辱，虞淵雙抱二王歸。』竊自以為工，足附陳先生之碑以傳也。」跋見《鮚埼亭集》卅八。曹、高、向、孟，為仁、英、神、哲四宗后。高、曹應作曹、高，謝山偶沿張詡碑而誤耳。楊太后之殉國，身之所謂「丈夫多有愧焉者」也。5

今案楊太后為宋度宗妃，元兵南下臨安時，帝后王臣，盡為俘虜，獨楊妃負其子益王昰與廣王昺，航海至閩粵，群臣奉昰即帝位，冊封楊妃為太后，帝崩，復立昺，奔崖山，為宗社圖恢復，元兵逼近崖山，陸秀夫知事不可為，負帝昺赴海死，后聞之，亦赴水死。《通鑑》記蜀主李太后之言，《胡注》言「蜀主之死，其母亦不食而卒，婦人志節如此」，而陳先生則以為三省之注，「有感於宋楊太后之殉國」，此乃《表微》於感慨古今史事，藉古事以寓今事之例也。

要之，胡三省於《通鑑注》中，時有所釋史事，其義過遠，似不相涉者出現，其中隱微，經陳先生逐一表出，其直指某事而言者，此即胡氏以古喻今，借古史以指示今事之例。

5. 《資治通鑑》記載：

晉穆帝永和五年，冉閔之篡石趙也，下令城中曰：「今日已後，與官同心者留，不同者各任所之。」於是趙人百里內悉入城，胡羯去者填門。閔知胡之不為己用，班令內外趙人，斬一胡首者，文官進位三等，武官悉拜牙門。一日之中，斬首數萬。或高鼻多須，濫死者半。

《胡注》說：

趙人謂中國人也。高鼻多鬚，其狀似羯胡，故亦見殺。（卷九八）

《表微》說：

此有感於金末種人被害之慘也。趙為石氏國號，而身之釋之曰「中國人」，蓋國號雖易，而民族不改，名為趙人，實皆中國人，猶之金據河北，國號曰金，其民皆中國人也。及其既衰，乃有石氏同樣之變。事見《元遺山集》，而《金史》不載，《廿二史劄記》曾揭出之，《遺山集》二十八，〈臨淄令完顏懷德碑〉云：「貞祐二年，中夏被兵，盜賊充斥，鏇撥地之酷，睚眥種人，期必殺而後已。若營壘，若散居，若僑寓託宿，群不逞鬨起而攻之，尋蹤捕影，不遺餘力，不三二日，屠戮淨盡，無復噍類。至於

5　見陳垣：《通鑑胡注表微》，頁三七九。

發掘墳墓，蕩棄骸骨，在所悉然」云。嗚呼！何其酷耶！中國人雅愛和平，非積怨深仇，不應若是，金時虐政，慨可知矣。石氏之變，猶是冉閔率之，貞祐之變，則人自為之也。身之特標出趙人為中國人者，明中國人雖愛和平，然不可陵暴之至於忍無可忍也。6

今案《通鑑》此條記冉閔之篡石趙，知胡羯之不為己用，乃獎令趙人斬之，濫死者甚多之事，胡三省之注曰：「趙人，謂中國人也。」陳先生乃申論曰：「身之特標出趙人為中國人者，明中國人雖愛和平，然不可陵暴之至於忍無可忍也。」甲午戰爭之後，以迄九一八事變，以至七七事變，日寇之陵暴，豈非令中國人忍無可忍乎！中國人雖酷愛和平，至是，亦不得不起而全面抗戰矣，援庵先生，身居北平，感受敵寇陵暴之行多矣，言雖指陳胡氏之注，心中豈無身世國族之感在乎！

6. 《資治通鑑》記載：

唐德宗建中四年，陸贄奏：「況其餘眾，蓋並脅從，苟知全生，豈願為惡！」

《胡注》說：

史炤曰：「《書》云：『脅從罔治。』孔穎達《疏》云：『謂被脅從而距王命者。』」余謂脅從者，為威力所迫脅，不得已而從逆，非同心為逆者也。（二一八）

《表微》說：

當地方淪陷之秋，人民或死或亡，或隱或仕，不出斯四者。奮勇殺賊，上也；褰裳去之，次也；杜門用晦，亦其次也；靦顏事敵，是謂從逆，從逆則視其為威力所迫脅，抑同心為逆，而定之罪，可矣。7

今案《通鑑》此條記唐代名臣陸贄論附逆者受脅而相從之事，胡三省之注，則依文而作疏釋，陳先生乃進而申論，言當地方淪陷之秋，人民處境，不出四途，其意實陳先生自況其處境，抗戰時期，當日寇陵暴，國土淪陷之日，「奮勇殺賊，上也」，「褰裳去之，次也」，先生自不能為之，「杜門用晦，亦其次也」，先生則為之，「靦顏事敵，是謂從逆」，先生自不屑為，然於淪陷區中或有「從逆」者，先生亦願國人「視其為威力所迫脅，抑同心為逆，而定之罪，

6 見陳垣：《通鑑胡注表微》，頁三一〇。
7 見陳垣：《通鑑胡注表微》，頁二一二。

可矣」，蓋抗戰時期，「漢奸」一名，為辱人最甚之語，一旦加身，親人蒙羞，此實陳先生宅心忠厚，而期盼國人能明辨其疑似分別，而不宜妄肆誣蔑。

7. 《資治通鑑》記載：

魏文帝黃初二年，初，帝欲以楊彪為太尉，彪辭曰：「嘗為漢朝三公，值世衰亂，不能立尺寸之益，若復為魏臣，於國之選，亦不為榮也。」帝乃止。冬十月己亥，公卿朝朔旦，並引彪待以客禮，拜光祿大夫，秩中二千石，朝見位次三公。年八十四而卒。

《胡注》說：

楊彪有愧有龔勝多矣。（卷六九）

《表微》說：

龔勝不仕王莽死，時亦七十九矣。高年碩望，每易為人所利用，非必其人本意也，故身之為楊彪惜之。8

今案《通鑑》此條記漢末楊彪仕於曹魏之事，胡三省之注，則以漢臣龔勝不仕王莽，與之相比，而曰「楊彪有愧於龔勝多矣」，陳先生於此，藉龔勝、楊彪二人，皆享高齡為喻，而申言「高年碩望，每易為人所利用，非必其人本意也」，蓋抗戰時期，淪陷區中，失節附寇，為敵作倀者，有其人矣，細加推尋，陳先生之意，此當為周作人言之，北平淪陷，日寇盤踞，北京大學愛國師生，多隨學校西遷，而於雲南昆明，與清華大學、南開大學，成立西南聯合大學，少數師生，留居北平，無力遷徙者，日寇悉令復校上課，而任命周作人為偽北大校長，周氏忝居偽職，任令愛國教師學生受敵偽之拷打虐待，而不作一言，默然自甘，陳先生時同在北平，親眼目睹，而曰，「高年碩望，每易為人所利用」，實乃深為周氏惋惜！迨及抗戰勝利，周氏亦以「漢奸」之名論罪。

8. 《資治通鑑》記載：

晉孝武帝太元八年，謝安得驛書，知秦兵已敗，時方與客圍棋，攝書置床上，了無喜色，圍棋如故。客問之，徐答曰：「小兒輩遂已破賊。」既罷還內，過戶限，不覺屐齒之折。

8 見陳垣：《通鑑胡注表微》，頁二二四。

《胡注》說：

言其喜甚也。史言安矯情鎮物。人臣以安社稷為悅者也，大敵壓境，一戰而破之，安得不喜乎！屐齒之折，亦非安之訾也。（一〇五）

《表微》說：

肥水一役，為吾國歷史上有名外戰。聞勝而喜，國民心理所同然，豈獨謝安，固將舉國若狂也，安特其代表焉耳！9

今案《通鑑》此條記肥水之戰，晉軍大勝，符堅失敗，謝安獲得捷報，其先了無喜色，及賓客離去，謝安急忙進入內庭，喜報佳音，過戶限，屐齒為折之事，胡三省之注，乃曰「言其喜甚也」，「大敵壓境，一戰而破之，安得不喜乎！」援庵先生則曰，「肥水一役，為吾國歷史上有名外戰。聞勝而喜，國民心理所同然，豈獨謝安，固將舉國若狂也」，其論晉代史事，而筆下乃言「吾國」、言「外戰」，豈非別有寄寓者在？援庵先生此書，初寫於民國三十一年，敵氛方熾之時，撰成於民國三十四年七月10，當是時，「聞勝而喜」，誠屬先生久蓄心中之期望，而不逾一月，日寇投降，勝利到來，人人欣喜，「舉國若狂」之境，真現眼前，援庵先生恐亦當有「劍外忽傳收薊北，初聞涕淚滿衣裳」[11]之感觸在懷也。

三、結語

胡三省為文天祥、謝枋得、陸秀夫同年進士，宋亡不仕，發憤著書，務伸亡國之殷鑒、民族之氣節於其《通鑑注》中，則其好學愛國感發後人者，又何異於文、謝、陸三公之所為？但後世之論胡氏書者，或者服其擅長考據，或者推其明於地理，獨於其微言大義索解人而不得，陳援庵先生於抗戰中處三省之境，體悟三省之心情，展卷重讀《通鑑》及《胡注》之書，遂得盡發其覆，因著《表微》二十卷七百數十則，前十卷論史法，後十卷論史事，凡三省家國之隱痛，及治學之精神，均賴以察見。

援庵先生嘗言：「夷夏者，謂夷與夏之觀念，在今語為民族意識。」又言：「當國家承平及統一時，此種意識不顯也；當國土被侵陵，或分割時，則此種意識特著，身之生民族意識顯

9 見陳垣：《通鑑胡注表微》，頁三三八。

10 見陳垣：《通鑑胡注表微》書前〈小引〉、書末〈重印後記〉。

11 見杜甫：〈聞官軍收河南河北〉詩，載楊倫：《杜詩鏡銓》卷九，（臺北，華正書局，民國七十五年）頁四三三。

著之世，故能了解而發揮之，非其世，讀其書，不知其意味之深長也。」[12]又曰：「《鑑注》誠未易讀，不諳身之當時背景，不知其何所指也。」[13]援庵先生飽飫史乘，嫻熟《通鑑》，抗戰時期，陷居北平，處三省之境遇，讀三省之史注，別有體悟會心，故能於胡注陳述之史事及感慨中，彰顯其針對宋末史事而發之微旨，故援庵先生之書，「書名《表微》，非微何必表也？」[14]

胡三省於宋亡之後，年五十時，始撰《通鑑》之注，迄於五十六歲，方始脫稿，繼而時復修訂，以至七十三歲，卒時方休。然而，「《鑑注》成書，至今六百六十年，前三百年沉埋於若無若有之中，後三百年掩蔽於擅長地理之名之下」[15]，不遇援庵先生，則三省之書，胡氏之微旨，猶將長期沉埋，而不為世人所知！則援庵先生之於《通鑑》胡注，其表彰之功，亦云大矣，其闡發之義，亦云深矣。

12 見陳垣：《通鑑胡注表微》，頁三〇七。
13 見陳垣：《通鑑胡注表微》，頁一四四。
14 見陳垣：《通鑑胡注表微》，頁九十八。
15 見陳垣：《通鑑胡注表微》，頁六十九。

捌、在考據中借古喻今——余嘉錫《楊家將故事考信錄》探微

一、引　言

余嘉錫（一八八三～一九五五）字季豫，湖南常德人，自幼由其父親教習，閱讀經、史、文學，作詩古文，十四歲時，作〈孔子弟子年表〉，十六歲時，注〈吳越春秋〉，後得見張之洞的《書目答問》，駭其浩博，不免茫然失據，未知學所從入，及讀張氏〈輶軒語〉，有云：「今為諸生指一良師，將《四庫全書總目提要》讀一過，即略知學問門徑矣。」不禁雀躍萬分，歎說：「天下果有是書耶！」十七歲時，購得《四庫提要》，大喜，日夜閱讀，遇有疑難，乃隨時檢尋家中藏書，分別考證，將有關文字寫於《提要》書頁上方，一年以後，遂錄為一冊，這是余氏從事《提要辨證》的開始。

民國十七年（一九二八），余氏前往北平定居，在輔仁大學講授目錄學、古籍校讀法、世說新語研究等課程，並曾兼任中文系主任及文學院長，又曾在北京大學兼授目錄學，撰有《目錄學發微》、《古書通例》、《世說新語箋疏》等書。同時，也致力於《四庫提要辨證》的撰寫，集中心力於史部子部諸書。抗日戰起，日軍侵佔北平，余氏自念平生精力，萃於是書，深懼亡佚，於是乃取史子兩部寫定之稿二百二十多篇，排印數百部，以當錄副。民國三十七年（一九四八），以《四庫提要辨證》一書，當選為第一屆中央研究院院士。自二十六年至四十一年，更先後寫定了經部稿六十多篇，集部稿一百多篇，史子兩部稿一百多篇，合以前所刊印的，共為四百九十篇，彙為一書，於四十三年付刊出版。

民國二十六年（一九三七）七月七日，蘆溝稿事變發生，北平淪陷，余先生因教學因素，留居北平，民國三十四年（一九四五），撰有《楊家將故事考信錄》，其時，抗戰尚未結束。

余先生在〈楊家將故事考信錄・序〉中說：「余賦性疏愚，不通人事，雅好讀書，時時作為考證文字，偶有會心，輒欣然獨笑，自以為得意，舉以告人，人或不解，而余讀書愈多，於世事益無所解，遂憤然不復與世接。由是杜門却掃，息交絕游者，七八年於茲矣。年老多病，心力日衰，向所讀書，悉屏去不觀，遂瀏覽小說以自娛。積習所在，又復弄筆有所評議，以為藉通俗之書以達吾之所見，無非常異議可怪之論，迂闊遠於事情之說，持此問世，庶幾其許我乎。」 *1* 余先生此序寫於民國三十四年（一九四五）七月三十一日。其時，日本尚未投降，自此上推七八年，正當七七事變，北平淪陷之際，余先生此序，自署「武陵余嘉錫書於北平不知魏晉堂」，余先生籍貫隸屬常德，常德舊名武陵，近郊有桃源縣，余先生此序，正用陶淵明〈桃花源記〉「晉太元中武陵人」之典故，同時用〈桃花源記〉「乃不知有漢，無論魏晉」之典故，名其讀書之堂，以寄寓北平淪陷，日寇橫行，而心中不知魏晉，「只知有漢」之用意。

余先生〈楊家將故事考信錄・序〉又說：「今年五月，無意中得《楊家將通俗演義》，日長無事，取而讀之，其文去《水滸傳》遠甚。然楊業祖孫三世，皆欲為國取燕雲以除外患，其識乃高過趙普等，使當時能用其言，則金元無所憑藉以起，靖康之辱，祥興之禍，皆可以不作。且業有無敵之名，遼人望見旌旗輒引去，隱然若一敵國，故曾鞏作《隆平集》，元人修《遼史》，皆以業之生死定遼宋之盛衰。業既被擒，遼人欲重用之，業義不負國，遂不食以死。以區區一身，關係之重如彼，忠貞之節復如此，豈不誠大丈夫哉！此所謂國亡之後，遺民嘆息歌咏楊家將，久而不置也歟？小說雖出於街談巷議，然《春秋》攘夷之義，詩人〈匪風〉、〈下泉〉之思存焉，何可非也。當元之時，天地閉，賢人隱，晦盲否塞極矣，物不可終否，《楊家將》之作，如〈板〉、〈蕩〉之刺時，〈雲漢〉之望中興，其殆大義之未亡，一陽之復生者歟？」又說：「因遍讀元人書，而得劉因郝經之詩，皆以宋之亡，歸咎於不取燕雲，益信《楊家將》雖小說，而實一時人心之所同，故能與學者之作相表裡。其後元之所以亡，明

1　余嘉錫：《余嘉錫文史論集》，（長沙，岳麓書社，一九九七年），頁三九三。

之所以興，其幾蓋在於此。」[2]余先生以為，楊業一家，祖孫三代，皆欲為國家大用，收復燕雲十六州之失地，以堅強邊疆守禦，以泯除外患侵略，其見識之高遠，勝過當朝大臣，假使朝廷能重用其人其言，則金人元人之禍，不易興起，靖康之恥，二帝蒙塵之事，將可免除，是以楊業一身，實維繫北宋之安危盛衰，余先生對此，也表示了無限的惋惜，在〈序〉文之末，他說道：「屬稿既定，名曰曰《楊家將故事考信錄》，凡四篇，將以俾好事者覽觀焉。其或者有所感發也乎？」其實，「有所感發」，不止讀先生書者，其在余先生自己，身處當時北平，強寇侵凌之下，不啻身居邊疆，心中「感發」之處，定也止在少數。

余先生《楊家將故事考信錄》共四篇，計為〈故事起源第一〉、〈流傳因果第二〉、〈楊業傳索隱第三〉、〈楊延昭文廣傳索隱第四〉。

以下，即就余先生此書，加以探究。

二、探　微

(一)「楊家將故事」的起源與流傳

余嘉錫先生的《楊家將故事考信錄》，共有四篇論文，今謹就其內容所敘述之重點，分項探究如下。

余先生在〈故事起源第一〉篇中說：

胡應麟《莊岳委談》卷下：「今世俗搬演戲文，蓋元人雜劇之變，而元人雜劇之類戲文者，又金人詞說之變也。」又曰：「凡傳奇以戲文為稱也，無往而非戲也。故其事欲悠謬而無根也，其名欲顛倒而無實也，反是而求其當焉，非戲也。」3

中國的通俗文學，到了宋遼金元時期，特別興盛，由宋代的講唱文學，逐漸演變為遼金時代的院本戲文，再演變為元代的雜劇傳奇，而其內容，大多鋪衍離奇，想像為多，余先生既引述胡應麟論戲劇流變之說，因而說道：

今日昆、弋、皮黃諸戲之所搬演，大抵取材於小說及元人雜劇，或雜劇與小說互有之。

又說：

2　余嘉錫：《余嘉錫文史論集》，頁三九四。
3　余嘉錫：《余嘉錫文史論集》，頁三九五。

凡元雜劇之所演，蓋皆脫胎於話本，特話本今不傳，遂莫知其所本耳。4

又說：

洎至明清好事之徒，更取宋元人所寫故事，撰寫通俗演義，編為戲劇，以流俗人之所知，易其所不知，遂盡去其古典之詞，務求明白易曉而其事實乃愈變愈舛，去史傳之所記載者益遠矣。5

又說：

今戲劇之所搬演，除東漢、三國、水滸、說岳、封神、西遊諸戲外，尤以演楊家將者為多，大約無慮數十本，而四郎探母、李陵碑、紅羊洞諸劇，以為譚派鬚生所常演，尤盛行一時，雖婦人孺子，無不知有老令公、佘太君、楊六郎者。6

余先生分析通俗文學戲劇小說之演變，因而論及近代戲劇中所搬演之歷史演義，除《東漢演義》、《三國演義》、《水滸傳》、《精忠說岳》、《封神榜》、《西遊記》的故事之外，而尤以演出楊家將故事為多，加以當時譚派鬚生譚鑫培名盛一時，所演「四郎探母」、「李陵碑」、「紅羊洞」等，更是萬人爭睹，民間也無人不知有老令公、佘太君、楊六郎、楊四郎、楊宗保、穆桂英、孟良、焦贊之名。余先生因而推斷，「余以為楊業父子之名，在北宋本不甚著，今流俗之所傳說，必起於南渡之後。時經喪敗，民不聊生，恨胡虜之亂華，痛國恥之不復，追惟靖康之禍，始於徽宗之約金攻遼，開門揖盜。因念當太宗之時，國家強盛，儻能重用楊無敵以取燕雲，則女真蕞爾小夷，遠隔塞外，何敢侵陵上國。由是謳歌思慕，播在人口，而令公六郎父子之名，遂盛傳於民間。吾意當時必有評話小說之流，敷演楊家將故事，如講史家之所謂話本者。」7

余先生〈故事起源第一〉又說：

> 評話既不可見，所可見者，元雜劇而已。臧懋循《元曲選》丁集上，有「謝金吾詐拆清風府」一本，戊集下有「昊天塔孟良盜骨」一本。《也是園元明孤本雜劇》第二十二冊，有「八大王開詔救忠臣」、「焦光贊活拿蕭天佑」、「楊六郎調兵破天陣」各一

4 余嘉錫：《余嘉錫文史論集》，頁三九五。
5 余嘉錫：《余嘉錫文史論集》，頁三九六。
6 余嘉錫：《余嘉錫文史論集》，頁三九七。
7 余嘉錫：《余嘉錫文史論集》，頁三九七。

本，皆不題撰人名氏。考鍾嗣成《錄鬼簿》卷下，著錄方今才人相知者所編樂府，中有朱凱撰「孟良盜骨殖」，王仲元撰「私下三關」各一本。王國維《宋元戲曲考》，歷舉今存元劇目錄，以《元曲選》之「昊天塔」，為即朱凱所作，蓋是也。而「私下三關」乃不著於錄。余案「謝金吾」劇中有六郎白云：「我要私下三關，探望母親，走一遭去。」其篇末題目正名云，「楊六使私下瓦橋關，謝金吾詐拆清風府」，然則王仲元所撰之「私下三關」，與「謝金吾」劇，同實而異名，王氏未之詳考耳。8

又說：

此五劇之所演，雖非楊家將之全，而大體已具。9

余先生以為，前文所述之「謝金吾詐拆清風府」、「昊天塔孟良盜骨」、「八大王開詔救忠臣」、「焦光贊活拿蕭天佑」、「楊六郎調兵破天陣」等五劇，雖然並非楊家將故事之全部，而楊家將故事之基本間架，已經成立可見，其後楊家將故事中的許多情節，由此間架，自然可以逐步衍生而出現。

楊家將故事的流傳，到了明代，出現了楊家將演義的小說，內容也越發推衍豐富，余先生說：

好事之徒，遂依據元劇，加之傳會，編為演義，蓋欲以供說書人登場之用，猶之宋人評話云爾。此類演義，不知幾家。10

又說：

余所見者凡二本，甲本題《新鐫楊家府世代忠勇演義志傳》，凡八卷五十七回，始「宋太祖受禪登基」，終「懷玉舉家上太行」。稱秦淮墨客校閱，烟波釣叟參訂，皆不知何人。首有萬曆丙午秦淮墨客序，自言於斯傳三致慨焉，則非其所撰者，殆因舊本校閱之而已。

又說：

乙本封面題「繡像南北宋志傳」，分為前後集，每集皆十卷五十回，自為起訖。前集題

8 余嘉錫：《余嘉錫文史論集》，頁三九八。
9 余嘉錫：《余嘉錫文史論集》，頁三九九。
10 余嘉錫：《余嘉錫文史論集》，頁四〇一。

《新鐫玉茗堂批點按鑒參補繡像南宋志傳》，研石山樵訂正，織里畸人校閱。自第一回「董節度應讖興王，石敬瑭發兵征蜀」起，至第五十回「宋祖賜宴待劉鋹，曹彬誓眾定江南」止，有序一篇，稱織里畸人書於玉茗堂。後集題《新鐫玉茗堂批點按鑒參補北宋楊家將傳》，訂止校閱人與前集同。自第一回「北漢主屏逐忠臣，呼延贊激烈報仇」起，至第五十回「楊宗保平定西夏，十二婦得勝回朝」止，亦有一序，末署萬曆戊午中秋日，玉茗主人題。雖分兩集，而敘事前後相貫，實一書也。11

對於甲乙兩本楊家將故事的演義小說，雖可判定其為明代之人所集結撰定，但是，余先生也以為，「特其書究出於何時，成於何人之手，終不可知耳。」此甲乙兩種楊家將故事的演義，雖然不能確定為何時何人所撰，但是，從「演義」中出現了越來越多的楊家戰將，如大郎延平、二郎延廣、三郎延慶、四郎延朗、五郎延德、六郎延昭，延昭之子宗保，宗保之子文廣，以及佘太君、穆桂英、八娘、九妹、宣娘、十二寡婦等一系列之楊門女將，征戰沙場，其故事舖陳，越來越精彩動人感人而論，則楊家將故事演義的成書，對後世的戲劇影響之大，對後代社會人心教忠教孝的影響之深，可以想見。

(二)「楊家將故事」的信史成分

《楊家將故事演義》是小說，小說中的人物故事，大致依據《宋史》而作舖衍，但是，余嘉錫先生以為，元順帝至正三年三月，詔修遼、金、宋三史，五年十月，即已成書，凡七百四十六卷，僅《宋史》已達四百九十六卷帙，卷帙浩繁，費時才兩年又七個月，草率成書，牴牾漏略，所在皆是。因此，余先生在《楊家將故事考信錄》中，為了詳細了解楊業父、子、孫三代生平的正確性，以便取與《楊家將演義》中的故事，相互印證，使小說情節來源更清晰，乃為《宋史》中的〈楊業傳〉、〈楊延昭、楊文廣傳〉，撰寫索隱，「仿裴松之注《三國志》之例，襲小司馬補《史記》之名」（唐代司馬貞撰有《史記索隱》），寫成篇章，作為讀者參考。今僅就余先生所撰兩篇「索隱」，取與《楊家將演義》，略舉其例，以作比較。

《宋史》卷二七二《楊業傳》記載：

> 楊業，并州太原人。父信，為漢麟州刺史。業幼倜儻任俠，善騎射，所獲倍於人。嘗謂其徒曰：「我他日為將用兵，亦猶用鷹犬逐雉兔爾。」弱冠事劉崇，為保衛指揮使，以驍勇聞。累遷至建雄軍節度使，屢立戰功，所向克捷，國人號為「無敵」。12

余先生《楊家將故事考信錄．楊業傳索隱第三》說：

11 余嘉錫：《余嘉錫文史論集》，頁四〇一。

12 元脫脫等：《宋史》，（北京，中華書局，一九八五年），頁九三〇三。

業以一身當遼之兵衡，前後三十餘年，未嘗敗衄，及陳家谷之戰，為人所牽制，兵敗被擒，卒能從容就義，以一死報國，此豈兩宋孱將庸臣所敢望哉？宜其聲名播在人口，久而不忘歟！13

余先生所撰〈楊業傳索隱第三〉，於楊業生平事蹟，廣引相關史科，如曾鞏《隆平集》、《續資治通鑑長編》、《東都事略》等多種。加以佐證考訂，求其事蹟真相呈現，此處所引，僅係余先生之部分論斷，以見一斑，其他部分，未能廣事徵引，下亦仿此。

《宋史》卷二七二〈楊業傳〉又記：

太宗征太原，素聞其名，嘗購求之。既而孤壘甚危，業勸其主繼元降，以保生聚。繼元既降，帝遣中使召見業，大喜，以為右領軍衛大將軍。師還，授鄭州刺史。帝以業老於邊事，復遷代州兼三交駐泊兵馬都部署，帝密封橐裝，賜予甚厚。會契丹入鴈門，業領麾下數千騎自西陘而出，由小陘至鴈門北口，南嚮背擊之，契丹大敗。以功遷雲州觀察使，仍判鄭州、代州。自是契約望見業旌旗，即引去。主將戍邊者多忌之，有潛上謗書斥言其短，帝覽之皆不問，封其奏以付業。14

余先生〈楊業傳索隱第三〉說：

案業在代州時，潘美方兼三交都部署，實為戍邊之主將，此所謂忌功上謗書者，蓋即美也。然則無怪戲劇小說痛恨潘美，斥為奸賊矣。15

楊業本係北漢將軍，宋太宗征北漢，早聞楊業之名，及北漢主降宋，楊業也歸宋，為右領軍衛大將軍，援鄭州刺史。《楊家將演義》卷一有「太宗招降令公」一回，演說此事。及軍出代州時，潘美為主帥，《宋史》言，「主將戍邊者多忌之，有潛上謗書，斥言其短，帝覽之皆不問，封其奏以付業」，余先生則逕指潛上謗書者為潘美，而太宗信楊業之忠心，不為所惑。《宋史》卷二七二〈楊業傳〉又記：

雍熙三年，大兵北征，以忠武軍節度使潘美為雲、應路行營都部署，命業副之。以西上閤門使、蔚州刺史王侁，軍器庫使、順州團練使劉文裕護其軍。諸軍連拔雲、應、寰、朔四州，師次桑乾河，會曹彬之師不利，諸路班師，美等歸代州。未幾，詔遷四州之民於內地，令美等以所部之兵護之。時，契丹國母蕭氏，與其大臣耶

---

13 余嘉錫：《余嘉錫文史論集》，頁四二二。

14 元脫脫等：《宋史》，頁九三〇三。

15 余嘉錫：《余嘉錫文史論集》，頁四二五。

律漢寧、南北皮室及五押惕隱領眾十餘萬，復陷寰州。業謂美等曰：「今遼兵益盛，不可與戰。朝廷止令取數州之民，但領兵出大石路，先遣人密告雲、朔州守將，俟大軍離代州日，令雲州之眾先出。我師次應州，契丹必來拒，即令朔州民出城，直入石碣谷。遣強弩千人列於谷口，以騎士援於中路，則三州之眾，保萬全矣。」侁沮其議曰：「領數萬精兵而畏懦如此。但趨鴈門北川中，鼓行而往。」文裕亦贊成之。業曰：「不可，此必敗之勢也。」侁曰：「君侯素號無敵，今見敵逗撓不戰，得非有他志乎？」業曰：「業非避死，蓋時有未利，徒令殺傷士卒而功不立。今君責業以不死，當為諸公先。」將行，泣謂美曰：「此行必不利。業，太原降將，分當死。上不殺，寵以連帥，授之兵柄。非縱敵不擊，蓋伺其便，將立尺寸功以報國恩。今諸君責業以避敵，業當先死於敵。」因指陳家谷口曰：「諸君於此張步兵強弩，為左右翼以援，俟業轉戰至此，即以步兵夾擊救之，不然，無遺類矣。」美即與侁領麾下兵陣於谷口。自寅至巳，侁使人登托邏臺望之，以為契丹敗走，欲爭其功，即領兵離谷口。美不能制，乃緣灰河西南行二十里。俄聞業敗，即麾兵卻走。業力戰，自午至暮，果至谷口。望見無人，即拊膺大慟，再率帳下士力戰，身被數十創，士卒殆盡，業猶手刃數十百人。馬重傷不能進，遂為契丹所擒，其子延玉亦沒焉。業因太息曰：「上遇我厚，期討賊捍邊以報，而反為姦臣所迫，致王師敗績，何面目求活耶！」乃不食，三日死。*16*

余先生〈楊業傳索隱第三〉說：

是時主將並無他人，實即潘美，史臣以美功名甚盛，故諱其姓名，業知為美所不容，故曰為奸臣所嫉。朔州之役，業本不欲戰，王侁面責其逗撓，劉文裕亦從旁附和，而美無一言，豈非素惡其人，坐視成敗乎。業不得已，乃引兵出，以至於敗，故曰逼令致死。美以忌功妒名，遂置國事於不顧，奸臣之目，非美而誰。不然，侁及文裕雖為護軍，而實美之偏裨，美何所畏忌，不發一言邪。17

又說：

遼人曾下令軍中，必欲生擒繼業，（見〈耶律奚低傳〉）蓋愛其忠勇，欲俟其屈服而後重用之，如後來康保裔王繼忠之比。既已陣擒其人，自必遣兵押送，致之燕京，使面其虜主。業求死不得，乃絕食自戕，經三日之饑，遂死於古北口耳。18

16 元脫脫等：《宋史》，頁九三〇四。
17 余嘉錫：《余嘉錫文史論集》，頁四三二。
18 余嘉錫：《余嘉錫文史論集》，頁四三七。

楊業以一世名將，竟為奸人所害，枉死沙場，故後世之人，對其敬重有加，故《楊家將演義》卷一之中，有「太宗敕建無佞府」、「令公狼牙谷死節」，即細述楊業英勇殉國之情節，也多本於《宋史》記載而加以鋪衍，情節益為動人。

《宋史》卷二七二〈楊延昭傳〉記載：

延昭本名延朗，後改焉。幼沉默寡言，為兒時，多戲為軍陣，業嘗曰：「此兒類我。」每征行，必以從。太平興國中，補供奉官。業攻應、朔，延昭為其軍先鋒，戰朔州城下，流矢貫臂，鬥益急。以崇儀副使出知景州。時江、淮凶歉，命為江、淮南都巡檢使。改崇儀使，知定遠軍，徙保州緣邊都巡檢使，就加如京使。

咸平二年冬，契丹擾邊，延昭時在遂城。城小無備，契丹攻之甚急，長圍數日。契丹每督戰，眾心危懼，延昭悉集城中丁壯登陴，賦器甲護守。會大寒，汲水灌城上，旦悉為冰，堅滑不可上。契丹遂潰去，獲其鎧仗甚眾。以功拜莫州刺史。時真宗駐大名，傅潛握重兵頓中山。延昭與楊嗣、石普屢請益兵以戰，潛不許。及潛抵罪，召延昭赴行在，屢得對，訪以邊要，帝甚悅，指示諸王曰：「延昭父業為前朝名將，延昭治兵護塞，有父風，深可嘉也。」厚賜遣還。

是冬，契丹南侵，延昭伏銳兵於羊山西，自北掩擊，且戰且退。及西山，伏發，契丹眾大敗，獲其將，函首以獻。進本州團練使，與保州楊嗣並命。帝謂宰相曰：「嗣及延昭，並出踈外，以忠勇自效。朝中忌嫉者眾，朕力為保庇，以及於此。」五年，契丹侵保州，延昭與嗣提兵援之，未成列，為契丹所襲，軍士多喪失。命李繼宜、王汀代還，將治其罪。帝曰：「嗣輩素以勇聞，將收其後效。」即宥之。六年夏，契丹復侵望都，繼宣逗遛不進，坐削秩，復用延昭為都巡檢使。時講防秋之策，詔嗣及延昭條上利害，又徙寧邊軍部署。

景德元年，詔益延昭兵滿萬人，如契丹騎入寇，則屯靜安軍之東。令莫州部署石普屯馬村西以護屯田。斷黑盧口、萬年橋敵騎奔衝之路，仍會諸路兵掎角追襲，令魏能、張凝、田敏奇兵牽制之。時王超為都部署，聽不隸屬。延昭上言：「契丹頓澶淵，去北境千里，人馬俱乏，雖眾易敗，凡有剽掠，率在馬上。願飭諸軍，扼其要路，眾可殲焉，即幽、易數州可襲而取。」奏入不報，乃率兵抵遼境，破古城，俘馘甚眾。

及請和，真宗選邊州守臣，御筆錄以示宰相，命延昭知保州兼緣邊都巡檢使。二年，追敘守禦之勞，進本州防禦使，俄徙高陽關副都部署。在屯所九年，延昭不達吏事，軍中牒訴，常遣小校周正治之，頗為正所罔，因緣為姦。帝知之，斥正還營而戒延昭焉。大中祥符七年，卒，年五十七。

延昭智勇善戰，所得奉賜悉犒軍，未嘗問家事。出入騎從如小校，號令嚴明，與士卒同甘苦，遇敵必身先，行陣克捷，推功於下，故人樂為用。在邊防二十餘年，契丹憚之，目為楊六郎。及卒，帝嗟悼之，遣中使護櫬以歸，河朔之人多望柩而泣。19

余先生〈楊延昭文廣傳索隱第四〉說：

真宗言（楊）嗣與延朗（延昭），朝中忌嫉者眾，則忌延朗者不止一人，第不知為誰某，而雜劇小說，乃謂樞密使王欽若，本遼之間諜，故謀殺六郎，為遼除害，委巷之言，無稽已甚。此蓋宋之遺民，追思寇準澶淵之功，恨欽若之進讒，遂醜詆毒詈，眾惡皆歸。觀《輟耕錄》卷二十五，所錄金院本名目，其諸雜院爨中，已有打王樞密爨，則欽若之供人笑罵，由來已久，可見街談巷議，雖傳聞失實，尚不失是非之公。人之多言，亦可畏也。20

小說《楊家將演義》之中，對於楊業，表述不多，僅卷一「太宗招降令公」至「令公狼牙谷死節」等三四回中，敘述楊業之功勳，全書重點，則全放在敘述楊延昭之功蹟上，綜計《楊家將演義》一書，其回目中敘及「六郎」之名者，已達十一次，在全書共五十八回中，所佔份量，足見不在少數，可見《楊家將演義》一書，重心所在，忠臣孝子，澤留子孫，信不誣也。

《宋史》卷二七二〈楊文廣傳〉記載：

文廣字仲容。以班行討賊張海有功，授殿直。范仲淹宣撫陝西，與語奇之，置麾下。從狄青南征，知德順軍，為廣西鈐轄，知宜、邕二州，累遷左藏庫使、帶御器械。治平中，議宿衛將，英宗曰：「文廣，名將後，且有功。」乃擢成州團練使、龍神衛四廂都指揮使，遷興州防禦使。秦鳳副都總管韓琦使築篳篥城，文廣聲言城噴珠，率眾急趣篳篥，比暮至其所，部分已定。遲明，敵騎大至，知不可犯而去，遺書曰：「當白國主，以數萬精騎逐汝。」文廣遣將襲之，斬獲甚眾。或問其故，文廣曰：「先人有奪人之氣。此必爭之地，彼若知而據之，則未可圖也。」詔書褒諭，賜襲衣、帶、馬。知涇州、鎮戎軍，為定州路副都總管，遷步軍都虞候。遼人爭代州地界，文廣獻陣圖并取幽燕策，未報而卒，贈同州觀察使。21

余先生〈楊延昭文廣傳索隱第四〉說：

狄青征儂智高始末，《(續資治通鑑)長編》卷一百七十二至一百七十四，記載最詳，其

19 元脫脫等：《宋史》，頁九三〇六。
20 余嘉錫：《余嘉錫文史論集》，頁四四八。
21 元脫脫等：《宋史》，頁九三〇八。

中無文廣之事。廣西臨桂龍隱岩潛真洞，有磨崖刻平蠻三將題名，載入《粵西金石略》卷二。三將者，狄青、孫沔、余靖也。三將之下，諸將官姓名，亦無文廣，然其文云，「凡從行將佐文武官二百三十一員」，其多如此，則固不可勝載，文廣蓋僅隨軍差遣，或已赴德順任，不在將官之列，自不得題名，其功亦遂不顯矣。22

又說：

楊業與契丹角勝三十餘年，卒之慷慨捐軀，以身殉國。子延朗於澶淵之役，請飭諸軍扼其歸路，襲取幽、易等州。孫文廣，亦獻策取幽、燕。雖功皆不成，而祖孫三世，敵愾同仇，以忠勇傳家，誠將帥中所稀有。由是楊家將之名，遂為人所盛稱，可謂豹死留皮，歿而不朽者歟！愛國之心，人所固有，後之人何樂而不為也。23

余嘉錫先生在〈楊業傳索隱第三〉及〈楊延昭文廣傳索隱第四〉之中，廣引史籍，對於楊業祖孫三代之事蹟，作出精密的考證，首先，可以越發見出歷史上楊業祖孫三代事蹟信史之真相，其次，可以取與《楊家將演義》小說中的情節，作出比較，以見出小說本身在信史上所能佔有的成分。余先生飽讀詩書，精熟四部典籍，他在前述兩篇文中，考證求真的貢獻，極為可貴，只是限於篇幅，此文之作，於余先生此兩篇中的考訂文獻，無法多所枚舉，只能僅就余先生自己判斷之言，略事舉例而已。

余先生在〈故事起源第一〉篇中，曾經說道：「話本之體，本自真假相半，故章學誠嘗謂《三國演義》，七分實事，三分虛構。（見《章氏遺書》外編〈丙辰札記〉）《楊家將演義》，是否乃明人就元之評話所改造，何者錄自元本，何者為所增入，皆不可知。但以《楊家將》事不如《三國》之多，故僅有三分實事，七分純出於虛構。」[24]余先生說《楊家將演義》是「三分實事，七分虛構」，應該是很客觀的定評。

(三)《楊家將故事考信錄》中的寓義

余嘉錫先生在《楊家將故事考信錄》中，除了敘述「楊家將故事」的起源與流傳，考證「楊家將故事」的信史成分之外，也曾借古喻今，寄寓了自己的一些思想意義。

余先生在〈流傳因果第二〉中說：

> 宋人懲於唐五代藩鎮之禍，又以太祖自殿前都點檢為天子，遂動色相戒，深忌武臣，僅

22 余嘉錫：《余嘉錫文史論集》，頁四五八。
23 余嘉錫：《余嘉錫文史論集》，頁四六一。
24 余嘉錫：《余嘉錫文史論集》，頁四〇二。

一狄青起行伍，至大位，功名稍盛，韓琦即務摧抑之，歐陽修、劉敞亦以為慮。其重文輕武若斯，國家之所以積弱，以至於亡，未必不由於此。況楊業及延朗，雖負重名，未嘗杖鉞專征，功績不甚煊赫。其不為士大夫所稱道，亦固其所。25

宋太祖趙匡胤，原為周世宗柴榮之殿前都點檢，由於世宗早逝，恭帝即位，及契丹入寇，恭帝命匡胤領軍往征，兵次開封陳橋驛，士兵譁變，以黃袍加於匡胤之身，推為天子，太祖之立，由於兵變，故即位之後，重文輕武，又以杯酒釋兵權之法，令諸將退歸田里，樂享天倫，由是宋代立國，雖無擁兵自重，分疆裂土之事，而兵權集中天子之手，由是各地武力削弱，故終宋之世，外患頻仍，終至亡於異族，追惟其始，則太祖實不能辭其吝責。

余先生〈流傳因果第二〉又說：

苟有人能為之滅賊殺敵，則仰之如天神，親之若父母，惟恐其不尊且安也。故狄青為樞密使時，京城小民聞青驟貴，相與推說訟詠其材武，每出入輒聚觀之，至壅路不得行，士卒亦指目以相矜夸，其為人所企慕如此。金院本中即有「說狄青」一本，元雜劇又有「狄青撲馬」、「狄青復奪衣袄車」各一本，而《五虎平西》小說，至今猶在盛行，其端蓋起於宋時。26

狄青為宋初名將，屢破外敵，故民眾尊之如神，而戲劇小說之中，也屢次推衍其事，此於國家衰弱之時，尤易為民眾所崇敬。

余先生〈流傳因果第二〉又說：

《通鑑》卷二百八十〈後晉紀〉曰：「石敬瑭遣間使求救於契丹，約事捷之日，割盧龍一道及雁門關以北諸州與之，契丹主大喜，白其母曰，兒比夢石郎遣使來，今果然，此天意也。」胡三省注曰：「自是之後，遼滅晉，金破宋，（此下刻本闕十六字）今之疆理，西越益寧，南盡交廣，至於海外，皆石敬瑭捐割關隘以啟之也，其果天意乎。」身之書成於元，其所謂今，指元言之也。西越益寧，南盡交廣者，謂滅宋而有之也。27

唐代滅亡之後，北方中原，由後梁、後唐、後晉、後漢、後周相繼而立，稱為五代，南方則另有十國，相繼稱帝，後唐時，李存珂即帝位，與河東節度使石敬瑭不睦，發兵討伐，石敬瑭乃求救於契丹（時契丹已改稱遼），令桑維翰草表稱臣於契丹主，且請以父禮事之，約定事成之

25　余嘉錫：《余嘉錫文史論集》，頁四〇三。

26　余嘉錫：《余嘉錫文史論集》，頁四〇四。

27　余嘉錫：《余嘉錫文史論集》，頁四〇五。

日，割燕雲十六州之地與之，尊遼為「父皇帝」，自稱「兒皇帝」，劉知遠諫曰：「稱臣可矣，以父事之太過，厚以金帛賂之，自足致其兵，不必許以土田，恐異日大為中國之患，悔之無及。」敬瑭不從。燕雲十六州為中國北方重要戰略地帶，割地之後，華北天然國防要地盡失，黃河以北無險可守，外族乃以此為根據地，南侵中原，兩宋之所以積弱，即種因於此，故後世以石敬瑭之罪大惡積，即根源於此。胡三省與文天祥、陸秀夫為同年進士，南宋亡後，入元不仕，注《資治通鑑》，於石敬瑭割燕雲十六州，導致國家積弱不振之事，感慨特深，故於注《通鑑》此事時，特加揭示，以告後世。

余先生〈流傳因果第二〉又說：

> 及至南北宋之交，女真入寇，盜賊蜂起，生民之禍亟矣，殺其父兄，繫累其子弟，毀其廬墓，掠其衣食，轉徙流離，置身無所。幸中興諸將，櫛風沐雨，出死入生，破金人，平流寇，振斯民於水火而登之袵席，其中以岳飛之功為尤高，雖婦人孺子，無不知有岳家軍者。洎秦檜害飛而天下之人心為之不平，《說岳》之傳，殆即萌芽於此。元雜劇亦遂有「大將岳飛精忠」及「秦太師東窗事犯」，蓋因四方之不守而思猛士，且追源猾夏之始，遺恨失於滅遼，於是楊氏父子亦盛為人所稱說。28

岳飛抵抗金兵入侵，雖在南宋之時，而其忠勇愛國，抵禦外侮之事，與楊業父子事蹟相同，由岳飛而聯想及楊業，故余先生也以為，楊家將故事之流傳，應起於宋朝南渡之後。

「楊家將故事」以抵抗遼人入侵為主軸，因而牽涉及一些歷史人物與歷史事件，如石敬瑭、宋太祖、狄青、岳飛等事蹟，余先生也因此針對這些歷史人物的功過，作出了深刻的批評，同時，也對這些以歷史事件為背景的戲劇小說，抒發了自己的感慨，他在〈流傳因果第二〉中說：「取其雜劇小說而觀之，往往取兩宋名將之事，演為話本，被之管弦，莫不欲驅胡虜而安中國。故扮演楊繼業父子，為其能拒遼也，裝點狄青，為其能平蠻也，描寫梁山泊諸降將，為其招安後曾與征遼也，推崇岳武穆，為其能破金也，其他牽連以及古之賢臣勇士，皆所以鼓忠義之氣，望中國之復強。」又說：「知聖人之道，深入人心，《春秋》大一統尊中國攘夷狄之義，亘萬世而不敝，則愛國之心，油然而生矣。」29 又說：「充此志也，山可移，海可填，日可復中，曾不百年而朱氏興，遂驅胡元，復禹域，此豈一手一足之烈哉，正賴國亡而人心不死，有以致之耳。楊家將事雖雜劇小說，先民之志節，立國之精神存焉。」30 則楊家將故事的價值和對後世的影響，不可謂不大。

28 余嘉錫：《余嘉錫文史論集》，頁四〇四。
29 余嘉錫：《余嘉錫文史論集》，頁四一六。
30 余嘉錫：《余嘉錫文史論集》，頁四〇七。

三、結 語

日寇侵華，八年抗戰，是華夏歷史上前所未有的艱苦歲月，億萬同胞，同心攜手，抵禦外侮，余嘉錫先生雖然留居北平，然而愛國之心，憤慨之意，絲毫不輸國人同胞。

余先生的女婿周祖謨及女兒余淑宜在所撰寫的〈余嘉錫先生傳略〉中敘述了當時的情形，「一九三七年七月，蘆溝橋事變，日軍侵占了北平，舉國憤慨，各國立大學相繼南遷。輔仁大學因為是羅馬教廷天主教會所創辦，當時由德國補甫主持校務，所以敵偽有所顧忌，沒有受到大的干擾，遂使輔仁大學成為淪陷區的一所不受敵偽支配的獨特學府。又於一九三八年考慮到女學生無處讀書而設立了女校，校址在恭王府。當時的學費是三袋洋麵，對於一般的市民是沉重的負擔，但是愛國的青年多不就讀於不收學費的偽北大，偽師大，而紛紛就讀於輔仁大學，他們以赤子之心，民族之愛，置經濟困難於不顧，使輔仁大學為祖國培養了大批愛國青年學子、專家學者。」[31]又說：「一時沒有南下的著名學者，都集中到輔仁大學授課，如果名學者接受偽校的聘任，出任偽職，則為學術界同仁所不恥，有極大的社會壓力，無形中涇渭分明，互不交往，如投靠敵偽的周作人，即明顯的例子。輔仁大學的教師以民族氣節為重，道德為上，過著吃混合麵的艱苦生活，竊聽中央廣播，打探前方消息，相互轉告，盼望王師北定中原，決不為利所動，他們維繫著民族氣節，堅信勝利永遠屬於正義者，中國決不會亡於強敵。」[32]那種堅苦卓絕的奮鬥精神，絕不遜於遠徙大西南的一些學者專家。

余先生在抗戰時期，身居北平，淪陷區中，感觸良多，而楊業一家，三代效忠國家，抵禦外侮，其情景與日寇侵略我國，更相彷彿，故於所撰《楊家將故事考信錄》中，往往借古喻今，抒發心志，周祖謨、余淑宜所撰寫的〈余嘉錫先生傳略〉中說道：「《楊家將故事考信錄》寫於抗戰勝利之前夕。」33 又說：「正當全民抗日戰爭時期，因閱《楊家將演義》而寫《考信錄》，褒揚楊業祖孫三世抗敵的功業，借以鼓舞當時的人心，同仇敵愾，對從服敵偽以邀榮者極為憤疾，大加鞭撻，尤其是對漢奸及知識分子輩。」又說：「自序後題為『書於北平不知魏晉堂』。換言之，即『人心思漢』，無不表現出一位偉大愛國學者憂國憫民的浩然正氣和中國不亡的堅定信念，正是攬古以喻今，非等閑之作。」34 他們所描繪的余嘉錫先生，在敵偽控制下，發揚不屈的民族精神，令人衷心欽佩。

31 余嘉錫：《余嘉錫文史論集》，頁六六五。
32 余嘉錫：《余嘉錫文史論集》，頁六六六。
33 余嘉錫：《余嘉錫文史論集》，頁六七六。
34 余嘉錫：《余嘉錫文史論集》，頁六七七。

玖、自立自強的殷切叮嚀——陳寅恪《唐代政治史述論稿》探微

一、引言

陳寅恪（一八九〇～一九六九），江西義寧人，祖父陳寶箴，曾任湖南巡撫，推動新政，有名於時，父親陳三立，為晚清著名詩人。先生幼承家學，稍長，留學日本、西歐，第一次世界大戰後，前往美國、德國、法國深造，在美國哈佛大學、德國柏林大學、法國巴黎大學進修。民國十五年（一九二六），陳先生三十七歲，任清華學校國學研究院教授，與梁啟超、王國維、趙元任同稱為四大導師。

抗日軍興，先生隨清華大學南遷，曾任教於西南聯合大學、香港大學、嶺南大學，民國三十七年（一九四八），當選為第一屆中央研究院院士。

民國二十九年（一九四〇），陳先生撰成《隋唐制度淵源略論稿》，民國三十年（一九四一），撰成《唐代政治史述論稿》，二書都撰成於抗戰時期，尤其是《唐代政治史述論稿》，寫成於香港大學，當時，陳先生因為眼疾所苦，一面在香港候船，準備前往倫敦治療，一面在香港大學任教，而留港時期，日軍偷襲珍珠港，第二次世界大戰爆發，日軍迅即攻佔香港，陳先生困居孤島，艱難之中，撰成該書，心中憤慨憂思之意，對於國家國人的期許寄望之情，也自然流露在史書之中。

二、探 微

《隋唐制度淵源略論稿》與《唐代政治史述論稿》，兩書都是研究隋唐歷史的專著，前者著重在典章制度的淵源探討方面，全書分為敘論、禮儀（附：都城建築）、職官、刑律、音樂、兵制、財政、附論等八節。後者著重在政治史事的演變與流傳方面，重點雖有不同，精神實相一貫，而在抗戰時期，在艱難困苦的環境中，陳先生撰寫二書，在感時興發的力量方面，則後者尤為深切。

《唐代政治史述論稿》，共分上中下三篇，每篇討論一個專題，分別探討唐代統治階級的氏族，政治黨派、內政外患等問題。茲就該書所論義旨，分別敘述如下：

㈠論「統治階級之氏族及其升降」

此節討論唐代皇室的血緣問題，陳先生在撰寫此書之前，已經發表〈李唐氏族之推測〉、〈李唐氏族之推測後記〉、〈三論李唐氏族問題〉等三篇論文，[1]在首篇論文之中，陳先生提出幾項重點，一、李唐自稱西涼後裔之可疑，二、李唐疑是李初古拔之後裔，三、李唐先世與大野部之關係，四、李重耳南奔之說似後人所偽造，五、唐太宗重修《晉書》及敕撰《氏族志》之推論。

陳先生首先指出李唐自稱是西涼李暠後裔之可疑，因為隴西望族李沖並不認同唐室的先人李熙為同宗。陳先生進而推測李重耳、李熙父子實即李初古拔，李買得父子。陳先生推論，「頗疑李唐先世本為李氏柏仁一支之子孫。或者雖不與趙郡李氏之居柏仁者同族，而以同居一地，同姓一姓之故，遂因緣攀附，自託於趙郡之高門」，[2]「則李唐一族之所以崛興，蓋取塞外野蠻精悍之血，注入中原文化頹廢之軀，舊染既除，新機重啟，擴大恢張，遂能別創空前之

1 三篇論文，分別刊載於民國二十年、二十二年、二十四年出版之中央研究院《歷史語言研究所集刊》第三本第一分、第三本第四分、第五本第二分。後收入陳寅恪《金明館叢稿二編》，（北京：生活、讀書・新知三聯書店，二〇〇七年）頁三二〇至三五二。

2 陳寅恪：《金明館叢稿二編》頁三四〇。

世局。故欲通解李唐三百年之全史，其氏族問題實為最要之關鍵。」[3]

在《唐代政治史述論稿》上篇中所討論者，大抵不出陳先生前此所撰三篇論文中的主張，只是論證更為詳密而已。

二論「政治革命及黨派分野」

陳先生《唐代政治史述論稿》中篇〈政治革命及黨派分野〉，主要討論「唐代皇位之繼承常不固定，當新舊主接續之交往往有宮廷革命」及「外廷士大夫黨派若牛李等黨究如何發生」兩問題。

在前一問題上，陳先生枚舉多次唐代皇位繼承之鬥爭事件，例如唐高祖武德九年（六二六）六月四日之玄武門事變，「為唐代中央政治革命之第一次，而太宗一生最艱危之苦鬥也」，[4]陳先生以為，當時太子建成，才智過人，而齊王元吉，也以勇武著聞，太子所用官僚，如王珪、魏徵之流，也都是深謀策畫之士，故斷言與太宗競爭之人，決非庸懦無能之輩，而太宗之所以得勝，建成元吉之所以失敗，實由於一方能以兵據玄武門（即宮城之北門），而一方不能以兵進入玄武門之故。因此，玄武門為是日事變成敗之關鍵，至為明顯。但是，玄武門地勢之重要，建成元吉豈能不知，也必然早有防衛，何以能令太宗之心腹得以事先埋伏而奪得此重要關塞？陳先生依據巴黎圖書館所藏敦煌寫本伯希和號二六四〇李義府所撰〈常何墓誌銘〉，然後知太宗與建成元吉兩方，當時皆曾誘致對敵之勇將一事。蓋常何舊曾隸屬於建成，而後為太宗所重利引誘，故當武德九年六月四日，常何實任屯守玄武門之職，故建成不以致疑，而太宗也因之事成，及太宗既殺建成元吉之後，常何也因功得以總率北門之所有屯軍。陳先生以為，這也是由於新史料之發現，用以補釋舊史所不能解釋的問題之一例。

又如唐武后則天稱帝，廢黜唐中宗，張昌宗張易之兄弟用事，及唐中宗神龍元年（七〇五），張柬之等舉兵，誅殺張易之，唐中宗復位，武則天崩。時李多祚為右羽林大將軍，掌北門宿衛禁軍二十餘年，張柬之與其籌謀，得李多祚允為中宗效命，誅張易之兄弟，故復辟成功，陳先生指出，「武則天雖居洛陽，然東都宮城之玄武門亦與長安宮城之玄武門同一位置，俱為形勢要害之地，中宗復辟之成功，實在溝通北門禁軍之故。張柬之既得羽林軍統將李多祚之同意，大局即定，雖以武曌之梟傑，亦無抵禦之能力矣」。5

但是，到了唐中宗景龍元年（七〇七），韋太后用事，武三思專擅大權，太子重俊率左羽林大將軍李多祚及左右羽林軍，殺武三思及武崇訓，又率兵趨肅章門，斬關而入，求韋后及安樂公主。韋后及安樂公主擁中宗馳赴玄武門樓，召左羽林將軍劉仁景率部列守。中宗見李多祚率軍至，以言語加以指斥，於是李多祚部下倒戈，殺多祚，餘黨遂潰散。

3　陳寅恪：《金明館叢稿二編》頁三四四。
4　陳寅恪：《唐代政治史述論稿》，（北京：生活、讀書、新知三聯書店，二〇〇一年）頁二三九。
5　陳寅恪：《唐代政治史述論稿》，頁二四二。

陳先生對此加以斷語說：「李多祚以一人之身，二次躬率禁軍預聞中央政治革命之役，然而前後成敗互異者，以神龍三年七月辛丑之役，韋后、安樂公主等猶得擁護中宗，及保有劉仁景等一部分之北門衛兵，故能據守玄武門樓之要地，及中宗親行宣諭，而多祚等所率之禁軍遂倒戈自殺，一敗塗地矣。然則中央政治革命之成敗與玄武門之地勢及守衛北門禁軍之關係如是重大，治唐史者誠不宜忽視之也。」6

唐中宗景龍四年（七一〇），韋后弒中宗，並臨朝並改元唐隆，臨淄王李隆基（後即位為玄宗）起兵，誅殺韋后。睿宗（玄宗父）復位。

陳先生指出，「玄宗景龍四年六月二十日夜之舉兵，與三年前即神龍三年七月六日節愍太子重俊發動之玄武門事變正復相似，而成敗不同者，以玄宗能預結羽林軍萬騎諸營長葛福順、陳玄禮等，而韋后死黨守衛玄武門之羽林禁軍諸統將如韋播、韋璿、高嵩等，皆為其部下所殺故也。」因此，陳先生也強調，唐代自高祖、太宗、至中宗、玄宗，中央政治革命凡四次，俱以玄武門之得失及屯衛北門禁軍之向背為成敗之關鍵」，7則玄武門在唐代皇室帝位更替上的重要性，可以想見。

在討論到「士大夫黨派」的問題上，陳先生主要認為李唐皇室是以關隴之地起家，以關隴為中心，當時，另外則是北朝傳統遺留下來的山東士族，因此，「關隴集團」與「山東集團」，則正是當時社會及政治上的兩股力量。要之，「唐代士大夫中其主張經學為正宗、薄進士為浮治者，大抵出於北朝以來山東士族之舊家也。其由進士出身而以浮華放浪著稱者，多為高宗、武后以來君主所提拔之新興統治階級」，[8]而這兩種新舊不同之士大夫階級，也遂引致於唐代歷史上長久的牛李黨爭。牛李黨爭，指唐代穆宗、敬宗、文宗、武宗之時，朝臣牛僧孺與李宗閔結為朋黨，與李吉甫、李德裕父子，水火不容，相互排軋，達四十餘年之久，影響於社會士風甚巨，史稱為牛李黨爭。

陳先生又引唐順宗永貞年間帝位內禪之事件為例，也因為永貞內禪為內廷閹寺與外朝士大夫黨派勾結之一顯著事例，而牛李黨派實又起於憲宗元和之時，故陳先生即以內外朝廷之黨派與皇位繼承兩事，合併討論，因此二事原有內在之關聯性，而不可分別加以討論。

陳先生於民國二十九年（一九四〇）在《國立北京大學四十週年紀念論文集》乙編上冊，曾經發表一篇論文〈順宗實錄與續玄怪錄〉，[9]討論到唐順宗內禪之事，《順宗實錄》為韓愈所撰進的國史，而李復言的《續玄怪錄》，只是當時一位科舉考生的行卷之作，兩書的品質雖不相類似，陳先生卻認為，該書所記元和一代，憲宗與閹宦始終隱秘之關係，卻可以互相發明。陳先生即根據兩書互相比對，而推斷出唐憲宗被宦官所弒的結論，並推斷出唐順宗永貞末年，

---

6 陳寅恪：《唐代政治史述論稿》，頁二四三。
7 陳寅恪：《唐代政治史述論稿》，頁二四五。
8 陳寅恪：《唐代政治史述論稿》，頁二六一。
9 陳寅恪：〈順宗實錄與續玄怪錄〉，《金明館叢稿二編》頁八一。

閹宦脅迫順宗以擁立憲宗之本末。

陳先生在《唐代政治史述論稿》中討論唐代的「黨派分野」，由於掘發閹宦之膽大妄為，因而也得出「唐代皇帝廢立之權既歸閹寺，皇帝居宮中亦是廣義之模範監獄罪囚」10的驚人結論。

㈢論「外族盛衰之連環性及外患與內政之關係」

陳寅恪先生以為，「李唐為吾國與外族接觸繁多，而甚有光榮之時期」。而「近數十年來考古及異國文籍之發見迻譯能補正唐代有關諸外族之史事者頗多」，因此，他在此篇之中，「所欲論者只二端：一曰外族盛衰之連環性，二曰外患與內政之關係」。茲將陳先生的意見，分別敘述如下：

1. 論「外族盛衰之連環性」

陳先生說：「所謂外族盛衰之連環性者」。主要在於，一個外族（以甲稱之），與唐室接觸，同時也會與其他外族有所接觸，其他外族（以乙、丙、丁稱之），如果強大，可能影響此一外族（甲）的滅亡或衰弱，而唐代中國也可能利用該機會，從而對付此外族（甲），因此，陳先生以為，「觀察唐代中國與某甲外族之關係，其範圍不可限於某甲外族，必通覽諸外族相互之關係，然後三百年間中國與四夷更疊盛衰之故始得明瞭」，「蓋中國與其所接觸諸外族之盛衰興廢，常為多數外族間之連環性，而非中國與某甲外族間之單獨性」。11

唐代的外敵，主要是北方的突厥，原居住在今天的阿爾泰山一帶，是出於匈奴的種族之一，經常南侵，又分東突厥與西突厥，西突厥據有葱嶺一帶，勢力也極強大。其次，是回紇，唐玄宗時，侵取東突厥舊地，成為塞北第一大國。再次，則是吐蕃，在今西藏，唐太宗時，以文成公主遠嫁西藏，方得維持一段時間之和平。

此外，朝鮮半島，有高麗、新羅、百濟三國，以高麗國勢最強，不時寇掠遼西。隋煬帝曾三次大舉親征，皆無功而返。

至於在西南一帶，則有南詔，在今雲南的西部，也曾入寇西南一帶。

陳先生指出，「唐代武功可稱吾民族空前盛業，然詳究其所以與某甲外族競爭，卒致勝利之原因，實不僅由於吾民族自具之精神及物力，亦某甲外族本身之腐朽衰弱有以招致中國武力攻取之道，而為之先導者也」，「故本篇於某外族因其本身先已衰弱，遂成中國勝利之本末，必特為標出之，以期近真實而供鑑誡，兼見其有以異乎誇誣之宣傳文字也」。12

當隋朝末年，唐朝初年之時，突厥之勢特強，中國人民歸附者甚多，其勢力更加強盛，凌

10 陳寅恪：《唐代政治史述論稿》，頁三一九。
11 陳寅恪：《唐代政治史述論稿》，頁三二一。
12 陳寅恪：《唐代政治史述論稿》，頁三二二。

駕中原之上。至於唐代，太宗引為心腹大患，陳先生引《通典》壹玖柒〈邊防典・突厥上〉條說：

> 貞觀元年，陰山以北薛延陀、迴紇、拔也古等十餘部皆相率叛之，擊走其欲谷設。頡利遣突利討之，師又敗績，奔還，頡利怒，拘之十餘日，突利由於是怨憾，內欲背之。二年，突利遣使奏言與頡利有隙，奏請擊之。詔秦武通以并州兵馬隨便接應。三年，薛延陀自稱可汗於漠北，遣使來貢方物。頡利每委任諸胡，疏遠族類，胡人貪冒，性多翻覆，以故法令滋章，兵革歲動，國人患之，諸部攜貳。頻年大雪，六畜多死，國中大餒。頡利用度不給，復重斂諸部，由是下不堪命，內外叛之。13

突厥既發生內亂，本身勢力大衰，加以近鄰回紇興起，窺伺其側，故唐太宗命李靖出兵，乘勢討伐，乃得大破突厥，陳先生指出，「然則隋末唐初之際，亞洲大部民族之主人是突厥，而非華夏也。但唐太宗僅於十年之後，能以屈辱破殘之中國一舉而覆滅突厥者，固由唐室君臣之發奮自強，遂得臻此，實亦突厥本身之腐敗及迴紇之興起二端有以致之也」，14「斯外族盛衰連環性之一例證也」。15

以上，是唐室擊敗突厥的例子。

陳先生書中又引《舊唐書》壹玖伍〈迴紇傳〉說：

開成初，其相有安允合者，與特勒（寅恪案：勒當作勤，下同）柴草欲篡薩特可汗。薩特可汗覺，殺柴草及安允合。又有迴紇相掘羅勿者，擁兵在外，怨誅柴草、安允合，又殺薩特可汗，以㕓馺特勒為可汗。有將軍句錄末賀恨掘羅勿，走引黠戛斯，領十萬騎破迴鶻城，殺㕓馺，斬掘羅勿，燒蕩殆盡，迴鶻散奔諸蕃。有迴鶻相馺職者，擁外甥龐特勒及男鹿并遏粉等兄弟五人一十五部，西奔葛邏祿，一支投吐蕃，一支投安西，又有近可汗牙十三部，以特勒烏介為可汗，南來附漢。[16]

陳先生以為，「迴紇自唐肅宗以後最為雄大，中國受其害甚鉅，至文宗之世，天災黨亂擾其內，黠戛斯崛起侵其外，於是崩潰不振矣。然考之史籍，當日中國亦非盛強之時，而能成此攘夷之偉業者，雖以李文饒之才智，恐不易致此，其主因所在，無乃由堅昆之興起，遂致迴紇之滅亡歟？斯又外族盛衰連環性之一例證也」。[17]

以上，是唐室擊敗回紇的例子。

13 陳寅恪：《唐代政治史述論稿》，頁三二三。
14 陳寅恪：《唐代政治史述論稿》，頁三二三。
15 陳寅恪：《唐代政治史述論稿》，頁三二五。
16 陳寅恪：《唐代政治史述論稿》，頁三二五。
17 陳寅恪：《唐代政治史述論稿》，頁三二六。

陳先生又引《新唐書》貳壹陸下〈吐蕃傳・論〉說：

> 唐興，四夷有弗率者，皆利兵移之，蹶其牙，犁其庭而後已。唯吐蕃、回鶻號強雄，為中國患最久。贊普遂盡盜河湟，薄王畿為東境，犯京師，掠近輔，戕華人，謀夫虓帥環視共計，卒不得要領。晚節二姓自亡，而唐亦衰焉。18

陳先生以為，「吐蕃之盛起於貞觀之世，至大中時，其部族瓦解衰弱，中國於是收復河湟，西北邊陲稍得安謐。計其終始，約二百年，唐代中國所受外族之患，未有若斯之久且劇者也。」「而其盛衰之樞機，即與其他外族之連環性，及唐代中央政府肆應之對策，即結合鄰接吐蕃諸外族，以行包圍之秘計」。19

陳先生因而指出，李唐承襲宇文泰「關中本位政策」，全國重心本在西北一隅，而吐蕃盛強延及二百年之久。故當唐代中國極盛之時，已不能不於東北方面採維持現狀之消極政略，而竭全國之武力財力積極進取，以開拓西方邊境，統治中央亞細亞，藉保關隴之安全為國策。又唐資太宗、高宗兩朝全盛之勢，歷經艱困，始克高麗，既克之後，復不能守，雖天時地勢之艱阻有以致之，而吐蕃之盛強，使唐無餘力顧及東北，要為最大原因。

陳先生又加以判斷說：「唐關中乃王畿，故安西四鎮為防護國家重心之要地，而小勃律所以成唐之西門也。玄宗之世，華夏、吐蕃、大食三大民族皆稱盛強。中國欲保其腹心之關隴，不能不固守四鎮。欲固守四鎮，又不能不扼據小勃律，以制吐蕃，而斷絕其與大食通援之道。當時國際之大勢如此，則唐代之所以開拓西北，遠征葱嶺，實亦有其不容已之故，未可專咎時主之黷武開邊也。夫中國與吐蕃既處於外族交互之複雜環境，而非中國與吐蕃一族單純之關係，故唐室君臣對於吐蕃施行之策略，亦即利用此諸族相互之關係，易言之，即結合鄰接吐蕃諸外族，以為環攻包圍之計。據上引新書〈南詔傳〉，可知貞元十七年之大破吐蕃，乃略收包圍攻之效者」。20

以上是唐室戰勝吐蕃的例子。

2. 論「外患與內政之關係」

陳寅恪先生指出，唐代宣宗末世，國力已衰，南詔始大為邊患，其鄰接諸國俱無力足與之為敵。因此，唐代中國內政也受其影響而直接關係到國家之滅亡。

陳先生在其《隋唐制度淵源略論稿》的〈兵制〉一節之中，曾經討論到「府兵制」的問題，「府兵制」由北周文帝時蘇綽所創建，合國內為百府，採軍民分離，分屬二十四軍，開府各領一軍，使刺史以農隙教民為兵，隋唐時代，也沿襲其制度，只是更以府兵編入民戶，府兵

18 陳寅恪：《唐代政治史述論稿》，頁三二六。
19 陳寅恪：《唐代政治史述論稿》，頁三二六。
20 陳寅恪：《唐代政治史述論稿》，頁三三一。

戶民同樣可以授田，府兵戶除當兵之外，可以免除賦調，由是「府兵制」改採「軍民合一」、「兵農合一」之制，主要由於吐蕃強盛的時間長久，為與唐代接觸各外族之最，其疆土又包沿中國的西北邊境，故國家需要有長期久戍的勇壯軍士，而並非一邊從事農耕一邊更番守衛的士卒所能勝任。21陳先生以為，「此吐蕃之強盛所給予唐代中國內政上最大之影響」。22

陳先生引《新唐書》貳壹柒上〈回鶻傳〉云：

> 始回紇至中國，常參以九姓胡，往往留京師，至千人，居貲殖產甚厚。23

陳先生指出，九姓胡即中亞昭武九姓族類，所謂西域賈胡，而九姓胡也常常假借回紇勢力僑居中國，也如同今日猶太人借歐美列強勢力來華通商致富一類的行徑，他說，「斯亦唐代中國在和平時期人民所受外族影響之一例也」。24

陳先生又引《舊唐書》壹玖下〈僖宗紀〉說：

> 乾符四年十二月，賊（黃巢）陷江陵之郛，（荊南節度使楊）知溫求援於襄陽，山南東道節度使李福悉其師援之。時沙陀軍五百騎在襄陽，軍次荊門，騎軍擊賊，敗之，賊盡焚荊南郛郭而去。
>
> 中和三年四月庚辰，收復京城，天下行營兵馬都監楊復光上章告捷曰：「雁門節度使李

克用殺賊無非手刃，入陣率以身先，忠武黃頭軍使龐從等三十二都，隨李克用自光泰門入京師，力摧兇逆。伏自收平京國，三面皆立大功，若破敵摧鋒，雁門實居其首。」五月，王鐸罷行營都統。時中尉田令孜用事，自負帷幄之功，以鐸用兵無功，而復光建策召沙陀，成破賊之効，欲權歸北司，乃黜王鐸，而悅復光也。25

唐自玄宗天寶以後，政治腐敗，國力銳減，邊患乘機而起，加以天災流行，人民生活困苦，內亂因而發生。僖宗乾符年間，關東水、旱為災，王仙芝起事於山東，黃巢起而相應，王仙芝敗死，黃巢盡收其眾，勢力坐大，遍擾東邊大半河山，唐代賴以生存之東南財賦，盡遭破壞，唐之國力因而衰竭，以至滅亡。陳先生指出，「唐中央政府戰勝龐勛、黃巢，實賴沙陀部落之助。蓋府兵制度破壞已久之後，捨胡兵外，殆不易得其他可用之武力也。至黃頭軍疑出自迴紇，與沙陀同為胡族。茲以其問題複雜，史料闕少，未能於此詳論。總之，觀於唐季朝廷之忍

---

21 陳寅恪：《隋唐制度淵源略論稿》，（北京：生活、讀書、新知三聯書店，二〇〇一年）頁一三七。
22 陳寅恪：《唐代政治史述論稿》，頁三四八。
23 陳寅恪：《唐代政治史述論稿》，頁三五二。
24 陳寅恪：《唐代政治史述論稿》，頁三五二。
25 陳寅恪：《唐代政治史述論稿》，頁三五四。

恥曲宥沙陀，終收破滅黃巢之效，則外族與內政關係之密切可以推知也」。26 這是很有見地的看法。

要之，國家的內政，常因外患的強弱影響而產生許多不同的關係，這是歷史上常有的現象，而陳先生討論唐代的興衰存亡，也就此一現象，作出深刻的分析，可資鑑戒。

陳先生又引《新唐書》貳貳貳中〈南蠻傳・南詔傳〉說：

> 會西川節度使陳敬瑄重申和議，時盧攜復輔政，與豆盧瑑皆厚（主和之高）駢，乃譎說帝（僖宗）曰：「宣宗皇帝收三州七關，平江嶺以南，至大中十四年，內庫貲積如山，戶部延資充滿，故宰相（白）敏中領西川，庫錢至三百萬緡，諸道亦然。咸通以來，蠻始叛命，再入安南邕管，一破黔州，四盜西川。遂圍盧耽，召兵東方，戍海門，天下騷動，十有五年，賦輸不內京師者過半，中藏空虛，士氣瘴癘，燎骨傳灰，人不念家，亡命為盜，可為痛心！」27

陳先生評論說：「自咸通以後，南詔侵邊，影響唐財政及內亂，頗與明季之（遼餉）及流寇相類，此誠外患與內亂互相關係之顯著例證也。夫黃巢既破壞東南諸道財富之區（見上篇所引舊唐書壹肆憲宗紀上元和二年十二月己卯史官李吉甫撰元和國計簿條），時溥復斷絕南北運輸之汴路（詳見崔致遠《桂苑筆耕集》及拙著〈秦婦吟校箋〉），藉東南經濟力量及科舉文化以維持之李唐皇室，遂不得不傾覆矣。史家推迹龐勛之作亂，由於南詔之侵邊，而勛之根據所在，適為汴路之咽喉，故宋子京曰：「唐亡於黃巢，而禍基於桂林。」（《新唐書・南詔傳・論》）。嗚呼！世之讀史者，儻亦有感於斯言歟？」28

陳先生《唐代政治史述論稿》一書，書前〈自序〉自署「壬午七夕陳寅恪書於桂林良豐雁山別墅」，壬午為民國三十一年（一九四二），而蔣天樞所撰《陳寅恪先生編年事輯》，則記為「原稿序末署『辛巳元旦，陳寅恪書於九龍英皇太子道三百六十九號寓廬』」。29 辛巳為民國三〇年（一九四一），當時，陳先生正在香港大學授課，並等候船期，準備前往倫敦，治療眼疾，是以陳先生《唐代政治史述論稿》一書，實撰寫完稿於香港大學，民國三十年（一九四一）十二月八日，日本偷襲珍珠港，美國於十二月九日即對日本宣戰，日本也對英國美國宣戰，二次大戰，正式爆發，日軍也迅速攻佔香港，陳先生一家，經歷艱辛，方始潛往廣西，而將《唐代政治史述論稿》一書，攜往桂林，改訂修正後交商務印書館出版，故通行本〈自序〉皆署壬午年年也。

---

26 陳寅恪：《唐代政治史述論稿》，頁三五四。

27 陳寅恪：《唐代政治史述論稿》，頁三五四。

28 陳寅恪：《唐代政治史述論稿》，頁三五五。

29 蔣天樞：《陳寅恪先生編年事蹟》，（上海古籍出版社，一九九七年）頁一二七。

陳先生《唐代政治史述論稿》一書，撰寫於戰亂之中，在該書中，他既然認定，「外族盛衰之連環性及外患與內政之關係」，反映在現實之中，一則感慨日本強寇侵略我國，而我國自清末以來，國勢衰弱，故而特別提醒國人，要認清「外患與內政之關係」，從而莊敬自強，勤修內政，以抗外患。另一方面，也勗勉國人，要正視「外族盛衰之連環性」，在日本偷襲珍珠港，美國對日宣戰，國際情勢，已逐漸轉變為對我國有利之際，要把握機會，創造新局，開拓光明之前途。

三、陳先生在史事中求史識的精神

俞大維先生曾經指出，陳寅恪先生研究歷史，是「在史中求史識」，是在歷史中尋求歷史的教訓。並且提到陳先生平生的志願，是寫成一部「中國通史」，及「中國歷史的教訓」。30 因此，在討論到古代歷史事件之時，陳先生往往借古喻今，從古代史事中去寄寓他對當前事件的看法，以下謹舉二例，加以說明。

(一)論「李懷光之叛」事件

民國二十六年（一九三七）七月，陳先生在《清華學報》十二卷三期發表了一篇論文〈論李懷光之叛〉。李懷光本姓茹，父為朔方部將，賜姓李，唐德宗時，以戰功為都虞侯，以破朱泚有功，進位副元帥，後見疑於帝，且倔強拒命，為部將所殺。

陳先生在該文中說道：

唐代朱泚之亂，李懷光以赴難之功臣，忽變為通賊之叛將，自來論者多歸咎於盧杞阻懷光之入覲，遂啟其疑怨，有以致之，是固然矣。而於神策軍與朔方軍糧賜之不均一事，則未甚注意，特為節錄史傳，草此短篇，以表出之。31

又分析李懷光叛變的原因，說道：

夫李晟所統之神策軍者，當時中央政府直轄之禁軍也，李懷光所統之朔方軍者，別一系統之軍隊也，兩者稟賜之額既相差若此，復同駐咸陽一隅之地，同戰朱泚一黨之人，而望別一系統之軍隊其士卒不以是而不平，其將領不因之而變叛，豈不難哉！豈不難哉！觀懷光軍特取其所虜驅之牛馬分與晟軍者，蓋可藉是廉其「賊寇未平，軍中給賜咸宜均

30 俞大維：〈懷念陳寅恪先生〉，（臺北，里仁書局，一九八一年）頁一。

31 陳寅恪：〈論李懷光之叛〉，《金明館叢稿二編》，頁三一七。

一」之意，欲持此「不患寡而患不均」之主義，以啟發神策軍兵士之情志也。32

陳先生又引《舊唐書》壹參參〈李晟傳〉云：

> 晟兵（寅恪案，即神策軍。）軍於朔方軍（寅恪案，即朔方節度使李懷光軍。）北，每晟與（李）懷光同至城下，懷光軍輒虜驅牛馬，百姓苦之。晟軍無所犯。懷光軍惡其獨善，乃分所獲與之，晟軍不敢受。久之，懷光將謀沮晟軍，計未有所出。時神策軍以舊例給賜厚於諸軍，懷光奏曰：「賊寇未平，軍中給賜，咸宜均一，今神策獨厚，諸軍皆以為言，臣無以止之，惟陛下裁處。」懷光計欲因是令晟自署侵削己軍，以撓破之。德宗憂之，欲以諸軍同神策，則財賦不給，無可奈何，乃遣翰林學士陸贄往懷光軍宣諭，仍令懷光與晟參議所宜以聞。贄晟俱會於懷光軍，懷光言曰：「軍士稟賜不均，何以令戰？」贄未有言，數顧晟，晟曰：「公為元帥，弛張號令皆得專之，晟當將一軍，唯公所指，以效死命，至於增損衣食，公當裁之！」懷光默然，無以難晟，又不欲侵刻神策軍發於自己，乃止。33

由於朔方軍所享的待遇遠遜於神策軍，自然也引起將士們的不滿，陳先生因此判斷說：「然則懷光之所以能激變軍心，與之同叛者，必別有一涉及全軍共同利害之事實，足以供其發動，不止其個人與盧杞之關係而已。故神策軍與朔方軍稟賜之不均要為此大事變之一主因，讀史者不可盡信舊記之文，謂兩軍稟賜不均僅為懷光『謀沮晟軍』所藉口之細事而忽視之也。」[34]陳先生所評論的，只是歷史上的事件而已。

但是，早於陳先生論文發表時間不到一年前的時候，民國二十五年（一九三六）十二月十二日，中國歷史上卻發生了一件震驚中外的大事——西安事變，西北剿匪副總司令張學良與陝西綏靖主任楊虎城發動兵變，挾持軍事委員會委員長蔣中正，提出八項主張，呼籲停止內戰。

張學良於「九一八事變」之後，心切父仇，懷念家鄉，痛恨日本，對於中央政府未能即早抗日，漸生不滿，加以在關內之東北軍，家鄉遠在東北，父老親人也在東北，中央卻將東北軍自華中調往陝北，執行剿共任務，未克抗日，先打內戰，以至士氣低落，屢遭挫敗，傷亡甚眾，張學良也倍感痛心。楊虎城原為西北軍將領，也不滿中央調動其部隊擔任剿共任務，曾鼓勵張學良對中央採取激烈手段。張楊二人，東北軍、西北軍，與中央之關係，也逐漸惡化。

陳先生所撰〈論李懷光之叛〉一文，用意實指張學良、楊虎城二人策動西安事變而發，關於這一問題，余英時教授已有精闢的論斷，余教授在〈陳寅恪的學術精神和晚年心境〉一文中說：

---

32 陳寅恪：〈論李懷光之叛〉，《金明館叢稿二編》，頁三一八。

33 陳寅恪：〈論李懷光之叛〉，《金明館叢稿二編》，頁三一七。

34 陳寅恪：〈論李懷光之叛〉，《金明館叢稿二編》，頁三一九。

細按文章的內容和出版的時間，即可知這是陳先生受了民國二十五年十二月十二日西安事變的刺激而特別撰寫的。李懷光的地位、處境，以及叛變經過都和西安事變前後的張學良頗為相似。當時東北軍之不滿中央，除了要求一致對外的大題目外，自覺在待遇方面受到歧視也是重要的促成因素。據張學良《西安事變反省錄》，他決意舉行兵諫也受到一些所謂「惡緣」的刺激。其中包括為東北軍「請求撫卹、補給，皆無結果。」以及雙十節政府授勛有馮玉祥而無張學良之類。（張氏的《反省錄》尚未刊行，此從李雲漢《西安事變的前因與經過》（一）之註六十轉引，見《傳記文學》第三十九卷第六期，中華民國七十年十二月號，頁二十二。）陳先生當日未必深知西安事變的詳細情形，但他客觀地研究歷史上相類的史例，所得的結論竟大有助於我們對西安事變的瞭解，足見他平日所持「在歷史上求教訓」之論決不是一句空話。陳先生不早不遲地在西安事變之後寫〈論李懷光之叛〉一文，並兩發「豈不難哉！」的感慨，他關懷世局的心情豈非昭然若揭乎？35

余教授對陳先生文中用意的分析，精闢可信，由此也可見出，陳先生的歷史考證論著，往往別具用心，以古喻今，而有其致用的精神存在。

(二)論「唐高祖稱臣於突厥」事件

一九五一年六月，陳先生在《嶺南學報》十一卷二期發表了〈論唐高祖稱臣於突厥事〉一文。在該文之首，陳先生指出，「吾民族武功之盛，莫過於漢唐。然漢高祖困於平城，唐高祖亦嘗稱臣於突厥，漢世非此篇所論，獨唐高祖起兵太原時，實稱臣於突厥，而太宗又為此事謀主，後來史臣頗諱飾之，以至其事之本末不明顯於後世。夫唐高祖太宗迫於當時情勢不得已而出此，僅逾十二三年，竟滅突厥而臣之，大耻已雪，奇功遂成，又何諱飾之必要乎？」[36]

在該文中，陳先生引用《舊唐書》陸柒〈李靖傳〉說：

> 太宗初聞靖破頡利，大悅，謂侍臣曰：朕聞「主憂臣辱，主辱臣死」。往者國家草創，太上皇（高祖）以百姓之故，稱臣於突厥，朕未嘗不痛心疾首，志滅匈奴，坐不安席，食不甘味，今者暫動偏師，無往不捷，單于款塞，耻其雪乎。

又引用《通典》壹玖柒〈邊防典．突厥〉條說：

> 及隋末亂離，中國人歸之者甚眾，又更強盛，勢凌中夏，迎蕭皇后，置於定襄，薛舉、

35 余英時：〈陳寅恪的學術精神和晚年心境〉，載《陳寅恪晚年詩文釋證》，（臺北，時報文化出版公司，民國七十五年）頁四一。

36 陳寅恪：〈論唐高祖稱臣於突厥事〉，載《寒柳堂集》，頁一〇八。

> 竇建德、王世充、劉武周、梁師都、李軌、高開道之徒，雖僭尊號，俱北面稱臣，東自契丹，西盡吐谷渾高昌諸國皆臣之，控弦百萬，戎狄之盛，近代未有也。大唐起義太原，劉文靜聘其國，引以為援。37

陳先生在引用以上〈李靖傳〉及〈突厥〉條後，又加以斷語說：「則知隋末中國北方羣雄幾皆稱臣於突厥，為其附庸，唐高祖起兵太原，亦為中國北方羣雄之一，豈能於此獨為例外？故突厥在當時實為東亞之霸主，史謂『戎狄之盛，近代未有』。誠非虛語。」38主要在於說明，隋代末年，中國北方羣雄幾乎都向突厥稱臣，其時亞洲大部分民族之主人實是突厥，而非華夏，因此，當唐高祖起兵於太原之時，向突厥稱臣，並非意外之事，即使如隋末北方豪雄如劉武周、梁師都等人，也幾乎無人不受突厥的可汗封號和狼頭纛，以示臣服。陳先生又引溫大雅《大唐創業起居注》上說：

> 帝引康鞘利等禮見於晉陽宮東門之側舍，受始畢所送書信，帝偽貌恭，厚加饗賄。鞘利等大悅，退相謂曰，唐公見我蕃人，尚能屈意，見諸華夏，情何可論，敬人者人皆敬愛，天下敬愛，必為人主，我等見之人，不覺自敬。39

陳先生並且指出，這是溫大雅用委婉的筆法敘述唐高祖受突厥封號稱臣拜伏之事，而「始畢所送書信」，正是突厥敕封唐高祖為可汗之冊書，「帝偽貌恭」，也就是稱臣拜伏之義。陳先生因此說，「高祖稱臣於突厥，其事實由太宗主持於內，而劉文靜執行於外」，所以，太宗一聞李靖大破頡利可汗，才心中大閱，說出「往者國家草創，太上皇（高祖）以百姓之故，稱臣於突厥，朕未嘗不痛心疾首，志滅匈奴」的舒暢快慰之言。

陳先生在此文的結尾處說道：「嗚呼！古今唯一之『天可汗』（指唐太宗），豈意其初亦嘗效劉武周輩之所為耶？初雖效之，終能反之，是固不世出人傑之所為也。又何足病哉！又何足病哉！」[40]

陳先生撰寫此篇〈論唐高祖稱臣於突厥事〉，其心中真正的用意，余英時教授也有精闢透澈的分析，他在引述了陳先生文中的結語之後，接著說道：

> 這段結語真是畫龍點睛，一望而知是針對毛澤東向蘇聯「一面倒」的政策而發。陳先生本與人為善之意，希望毛氏效法唐太宗，在統一中國之後即改弦易轍，所謂「初雖效

37 陳寅恪：〈論唐高祖稱臣於突厥事〉，載《寒柳堂集》，頁一〇八。
38 陳寅恪：〈論唐高祖稱臣於突厥事〉，載《寒柳堂集》，頁一〇九。
39 陳寅恪：〈論唐高祖稱臣於突厥事〉，載《寒柳堂集》，頁一一四。
40 陳寅恪：〈論唐高祖稱臣於突厥事〉，載《寒柳堂集》，頁一二一。

之，終能反之」，仍可不失為「不世出人傑。」但毛澤東此時對史太林「狼主」的恐懼遠甚於怨恨，根本不敢稍萌異志。一九五七年「鳴放」，龍雲還因為「反蘇」而大受圍剿，何況是一九五一年呢？幸而當時中共黨內並無人真正懂得此文的用心何在，否則陳先生一九五八年受批判時的罪名將絕不僅是「厚古薄今」了。41

一九五〇年以後，中共在國際關係上採取「一面倒」的政策，倒向蘇聯老大哥，余教授因此斷定陳先生真正是有「借古喻今」、「以古證今」的文章出現。

余教授斷定陳先生這篇文章所以是針對毛澤東的「一面倒」而發，有兩項堅強的理由。第一、是陳先生關於此一史事之考證早已見於《唐代政治史述論稿》中。在該書中，陳先生引用《舊唐書・李靖傳》說：

「太宗初聞靖擒頡利（按：突厥可汗）大悅，謂侍臣曰：朕聞『主憂臣辱，主辱臣死』。往者國家草創，太上皇（高祖）以百姓之故，稱臣於突厥，朕未嘗不痛心疾首，志滅匈奴，坐不安席，食不甘味。今者暫動偏師，無往不捷，單于欵塞，恥其雪乎？」

陳先生然後加以按語說：

「隋末中國北部羣雄並起，悉奉突厥為大君，李淵一人豈能例外？溫大雅《大唐創業起居注》所載唐初事最為實錄，而其紀劉文靜往突厥求援之本末，尚於高祖稱臣一節隱諱不書，逮頡利敗亡以後，太宗失喜之餘，史臣傳錄當時語言，始洩露此役之真相。然則隋末唐初之際亞洲大部民族之主人是突厥，而非華夏也。」

余教授以為，〈論唐高祖稱臣於突厥事〉的要旨實已全見於此。然則陳先生竟在一九五一年特撰一文，鄭重發揮此旨並結之以「初雖效之，終能反之」的激勵之語，其借古諷今之意豈不是十分明顯嗎？

第二、陳先生以蘇聯比突厥早已見於一九四五年所寫的一首詩中。其詩題曰：《余昔寓北平清華園嘗取唐代突厥回紇吐蕃石刻補正史事今聞時議感賦一詩》。據吳宓《玄菟》詩的附注：

「時宋子文與蘇俄訂約，從羅斯福總統雅爾達秘議，以中國東北實際割讓與蘇俄，日去俄來，往復循環，東北終非我有。此時及前後相關數詩，皆詠其事而深傷之也。」（見《編年事輯》頁一二六所引）

41 余英時：〈陳寅恪的學術精神和晚年心境〉，載《陳寅恪晚年詩文釋證》頁四二。

余教授以為，此詩正在《玄菟》詩之後，可證「時議」即指中蘇訂約事。原詩曰：

> 「唐碑墨本手摩挲，回憶當時感慨多。邏迻不煩飛驛鳥，和林還別貢峯駝。賜秦鶉首天仍醉，受虜狼頭世敢訶。自古長安如弈戲，收枰一著奈君何。」

因此，詩中「邏迻」即拉薩的唐代譯名，指吐蕃而言，「飛驛鳥」即《舊唐書》〈吐蕃傳〉下所謂「飛鳥猶中國驛騎也。」（按：敦煌已發現藏文「飛鳥」文書。）「和林」即外蒙古喀喇和林，元代舊都，但突厥以來便是酋長建牙之地。「貢峯駝」或指貞觀十七年薛延陀獻馬、牛、羊、駱駝之事，也可能指元代事，俟再考。第五句用庾信〈哀江南賦〉語：「以鶉首而賜秦，天何為而此醉」，指梁岳陽王詧以內亂而至乞援西魏，卒陷江陵而滅梁室。（參考陳先生〈庾信哀江南賦與杜甫詠懷古跡詩〉）第六句則責備國民政府與蘇俄訂屈辱條約；「受虜狼頭」即是突厥的「狼頭纛」，此句借突厥以指蘇俄，最為明白。我們通過這首詩便能徹底瞭解〈論唐高祖稱臣於突厥事〉一文的命意所在了。

余教授特別強調，陳先生無時不「在歷史中求歷史的教訓」，〈論李懷光之叛〉與〈論唐高祖稱臣〉兩篇文字便是最有力的證明。*42*

余教授的判斷，筆者十分贊同，此處稍作補充的是，佐證陳先生論述唐高祖稱臣於突厥之事，余教授引用的史料，主要是來自於《唐代政治史述論稿》，而筆者於前文中引用的史料，卻是來自於〈論唐高祖稱臣於突厥事〉，前者是專書，撰成於民國三十年（一九四一），後者是論文，撰成於一九五一年，而後者更是陳先生用以「以古證今」的關鍵之作，時空背景也更為貼切，內容也更容易緊扣當時的「今事」而發。

陳先生在他自己的一本專書，一篇論文之中，討論同一史事，所用的史料，也幾乎相同，只是，在引述的次第上，卻有所不同。

專書是先引《通典・邊防典》的〈突厥〉條，說明「隋末亂離，中國人歸之者甚眾，又更強盛，勢陵中夏」，然後再引《舊唐書》的〈李靖傳〉，說明李靖大破突厥可汗頡利，而太宗大悅，「恥其雪乎」的經過，是正常的歷史敘事方式，所以陳先生的斷語也說，「太宗失喜之餘，史臣傳錄當時語言，始洩露此役之真相」。

論文則是先引用《舊唐書・李靖傳》記述「太宗初聞靖破頡利，大悅」之驚喜狀況，然後再引述《通典・邊防典》之〈突厥〉條，以說明「隋末亂離，中國人歸之者甚眾，又更強盛，勢淩中夏」的情形，以見當年高祖之稱臣於突厥，是出於萬不得已之行為，然後才有此論文的末尾，帶出一段「嗚呼！古今唯一之天可汗，豈意其初亦嘗效劉武周輩之所為耶？初雖效之，終能反之，是固不世出人傑之所為也。又何足病哉！又何足病哉！」勗勉之詞的文字。（引文皆已見前）

要之，專書中的論述，給人的印象，只是一種史學研究尋求真相的著作，寄寓性並不高，

42 余英時：〈陳寅恪的學術精神和晚年心境〉，載《陳寅恪晚年詩文釋證》頁四四。

論文則是針對性特別強烈。

在專書的案語中，陳先生說：「隋末中國北部群雄並起，悉奉突厥為大君，李淵一人豈能例外？溫大雅《大唐創業起居注》所載唐初事最為實錄，而其紀劉文靜往突厥求援之本末，尚於高祖稱臣一節隱諱不書。逮頡利敗亡已後，太宗失喜之餘，史臣傳錄當時語言，始洩露此役之真相。然則隋末唐初之際，亞洲大部民族之主人是突厥，而非華夏也。但唐太宗僅於十年之後，能以屈辱破殘之中國一舉而覆滅突厥者，固由唐室君臣之發奮自強，遂得臻此，實亦突厥本身之腐敗及迴紇之興起二端有以致之也。」只是分析歷史的現相，意在求真。

而在論文中，則針對性強，陳先生對於毛澤東「勿作民族罪人」的忠告，也幾幾乎是呼之欲出了。甚至於，在〈李靖傳〉中，所謂之「國家草創」，以及陳先生在論文的按語中所謂的「則知隋末北方羣雄幾皆稱臣於突厥，為其附庸，唐高祖起兵太原，亦為中國北方羣雄之一，豈能於此獨為例外？故突厥在當時實為東亞之霸主」，證以五十年代初期隸屬於蘇聯橫跨歐亞的許多蘇維埃共和國，似乎也可以解釋為是意有所指了。

四、結　語

民國三十年（一九四一），陳先生撰寫《唐代政治史述論稿》，這時，他居住在香港，一方面準備候船前往英國，治療眼疾，一方面在香港大學授課，是年十二月八日，日軍偷襲珍珠港，次日，美國總統羅斯福向日本宣戰，第二次世界大戰正式爆發，當時，我國對日本抗戰，已經獨力支持了四年之久，國家局勢也已進入最艱苦的階段，大戰的爆發，使得同盟國與軸心國家，壁壘更加森嚴，而國際局勢也更加危險，另一方面，同盟國家之間的合作協力，也較前更為緊密，合作關係的增加，對於我國抗戰的情勢，也逐漸轉為有利。當此之際，陳先生撰寫《唐代政治史述論稿》，尚論古史，強調國家在面對複雜的國際關係時，面對「外族盛衰之連環性」及「外患與內政之關係」，必然心中也多所感慨，對於眼前的事件，自然有寄寓的情懷，在於其中，同時，對於民族的自立自強，自我惕勵，也賦予了深刻的期望與殷切的叮嚀。同時，對於外族勢力盛衰的情勢，以及我國家內政之良窳，有相互影響之關係，也自然有深刻的體悟。因此，在他的著作中，自然也對國人有著更多的期許之情。

余英時教授在〈陳寅恪的學術精神和晚年心境〉一文中說道：「陳先生對世事的關懷也往往流露在他一般歷史問題的研究之中」。43又說：「《唐代政治史述論稿》是一九四一年在香港寫成的，那時正值抗戰的嚴重關頭。珍珠港事變未發生前，中國的國際處境十分困難，陳先生這個時候特別注意到『外族盛衰之連環性』的問題，當然不是偶然的。」44余教授的判斷，確實點出了陳先生當時心中的用意。

---

43 余英時：〈陳寅恪的學術精神和晚年心境〉，載《陳寅恪晚年詩文釋證》頁三八。

44 余英時：〈陳寅恪的學術精神和晚年心境〉，載《陳寅恪晚年詩文釋證》頁三八。

拾、國史中「春秋學」應有的地位
——柳詒徵《國史要義》探微

一、引　言

柳詒徵（一八八〇～一九五六）字翼謀，晚號劬堂，江蘇丹徒人，年幼時，父早卒，由母親課讀，誦讀經史古文。

光緒二十五年（一八九九），柳氏年二十歲，應科考，列一等第三名，一九〇一年，至南京江楚編譯局任編輯，編撰教科書，並師事編輯局總纂繆荃孫，學問乃日益進步。

光緒三十四年（一九〇八）以後，柳氏歷任兩江師範學堂、南京高等師範學校教師。民國成立，柳氏歷任東南大學，中央大學等校教授，江蘇省立國學圖書館館長，抗日軍興，柳氏赴重慶，任教中央大學，並擔任中國史學會會長。

民國三十七年（一九四八），柳氏當選為中央研究院第一屆院士。

柳氏著作等身，所著《歷代史略》、《中國教育史》、《中國商業史》、《首都志》、《中國文化史》、《明史稿校錄》、《國史要義》等共數十種，其中以《中國文化史》及《國史要義》，最為重要。

柳氏所著《國史要義》一書，原是民國三十一年（一九四二）避寇入川，在重慶中央大學，為文學院研究生主講史學理論之講義，其書主要是針對中國古代的史學理論，作出綜合性的全面探討，他以儒家文化思想為主體，闡發傳統史學的精神，在唐代劉知幾《史通》、及清代章學誠《文史通義》的基礎上，補偏救弊，推陳出新，提出不同的見解，同時，兼采西方史學的學說，從而建構出國史理論的新面貌。

《國史要義》於民國三十七年（一九四八）由中華書局出版[1]，全書分為十篇，每篇討論國史中一項重要的理論。

以下，先將柳氏書中的十篇重點，略加敘述於后：

1. 〈史原第一〉——論述國史的起源問題。
2. 〈史權第二〉——論述史官的權力及地位。
3. 〈史統第三〉——論述國史中的正統觀念。
4. 〈史聯第四〉——論述史書記事中的相互聯繫。
5. 〈史德第五〉——論述撰史者的道德修養。

6. 〈史識第六〉——論述撰史者的識見眼光。
7. 〈史義第七〉——論述歷史記述中的義理思想。
8. 〈史例第八〉——論述歷史撰述的凡例常制。
9. 〈史術第九〉——論述讀史的效益用處。
10. 〈史化第十〉——論述歷史變化的因革情形。

柳先生自幼嫻習經史，因此，在《國史要義》之中，柳先生也是以儒學的文化思想，作為全書理論的主幹，而且，在全書的十篇之中，都曾引述了不少「春秋學」方面的著述，包括《左傳》、《公羊傳》、《穀梁傳》及其他有關《春秋》的著述，作為討論傳統「國史」中「要義」的資料，從而也闡釋了「國史」中有關「春秋學」的精神。

二、探微

以下，即就柳先生《國史要義》中十篇的內容及其與「春秋學」的關係，加以分析[2]。

---

1 柳詒徵：《國史要義》，（臺灣中華書局，民國四十六年）。

2 本文討論，凡柳先生《國史要義》中徵引之典籍文獻，本文皆直接加以陳述，而不再一一注明其版本。

㈠史原第一

柳先生在本篇之中，以為國史的初興，是由文字的記載，因此，在文字發明之後，方才有歷史的記錄。但是，我國歷史，在起源之時，即已擁有兩項較為特殊的性質，第一，由於書寫記錄，多採取竹簡木版作工具，而竹簡木版之方策，形勢不免短狹，不能大量書寫文字，因此，我國古史，限於工具，其記述類多扼要簡略。第二，由於我國古代早已設置史官，而史官的作用，不僅記錄歷史，同時，掌管累世相傳的政書，目的則在於以歷史教訓，襄贊人君，治理國政，以至於「限制君權」，防止人主濫權。因此，史官所掌守的，即是國家的典禮制度，這種禮制，也即是後世史法史例產生的根源，而「禮制」根源於倫理，依本於人性，特別注重「正名」、「辨分」、「道名分」，從而使得史官，能夠明確分辨是非，使得讀史之人，從而能夠了解善惡，所以，柳先生特別強調，「禮者，吾國數千年全史之核心也」3。

在討論史官特別重視「禮制」，歷史記錄特別重視「正名」的論述中，柳先生除了引述許多文獻，諸如《尚書》、《國語》、《禮記》、《大戴禮記》、《呂氏春秋》等作為例證之外，他還大量地引述了「春秋學」中的資料，去闡釋此一傳統，例如他引述《左傳》僖公二十八年所記，晉文公召請周襄王與諸侯相會於溫地，以商議討伐不順服的國家，而又記錄了孔子的評論之語說：「以臣召君，不可以訓。」故孔子於《春秋》改書曰「天王狩於河陽」，即是強調了晉文公的不識禮制，故《春秋》為之正名定分的書法。

又如《左傳》隱公元年所記，鄭莊公討伐其弟共叔段，《春秋》記載說，「鄭伯克段於鄢」，《左傳》說：「段不弟，故不言弟，如二君，故曰克，稱鄭伯，譏失教也。」便是強調了共叔段的狂妄亂作，既有失為弟者的謙遜之禮，而鄭莊公蓄意養成其弟之惡，同樣都是弟既不弟，兄也不兄的不當行為，故《春秋》為之正名定分，書寫「鄭伯克段於鄢」，用以譏刺二人。

又如在《左傳》僖公五年，記載晉獻公受驪姬之惑，使太子申生自殺，《春秋》書曰，「晉侯殺其世子申生」，《公羊傳》說：「曷為直稱晉侯以殺？殺世子母弟，直稱君者，甚之也。」《公羊傳》以為，晉獻公逼使申生自殺，是以父殺子，如同鄭莊公殺共叔段，是以兄殺同母之弟，都是不顧骨肉情誼的的殘酷行為，故此處直稱「晉侯」，用以譏刺，也是強調「正名」的書法記錄。

在〈史原第一〉篇中，柳先生一共引述了六十九條文獻史料，用以佐證史官制度的起源，在六十九條文獻之中，即有二十三條（約佔本篇引述文獻的三分之一），是屬於「春秋學」方面的資料，用以去闡釋傳統史官特別注重「禮制」、注重「正名」的立場，因此，在此篇之中，柳先生也特別說明，《春秋》之作，「其文極簡，而示禮極嚴，執名分以治人，而人事悉括於其

3 柳詒徵：《國史要義》，頁九。

中，而無所遁」，故「史義相承，仍必謹於名分」4，都是強調了「春秋學」在〈史原〉篇中的重要作用。

(二)史權第二

柳先生在本篇之中，以為春秋時期，我國史官已經具有「秉筆直書」的權力，又已經具有共同遵守的兩項法規，其一是「君舉必書」，其二是「德刑禮義，無國不記」，所以一國君臣的大事，其他國家的史書，也都加以記錄，其他國家的史官，也都遵守共同的書法，共同的凡例。

在討論史官「秉筆直書」，不畏威勢的時候，柳先生舉出《左傳》宣公二年太史所記「趙盾弒其君」，以及襄公二十五年太史所記「崔杼弒其君」的例子，以為歷代史家稱揚之「秉筆直書」，最能表彰史官之權威。柳先生以為，董狐之為良史，其遠源蓋出於晉之史官「辛甲」，進而說明，「古史之職，以書諫王，其源甚古，不必始於周代，其原則實在天子不得為非一語，使一人肆於民上，以從其淫，其禍至烈，而吾族聖哲，深慮預防之思想，乃以典禮史書，限制君權」5，故我國古代，「史權高於一切」，有如後世司法獨立之精神。

在討論「君舉必書」的法守時，柳先生引述《左傳》莊公二十三年所記，莊公前往齊國，觀看社神的祭典，而曹劌加以諫勸，以為諸侯除非有天子的命令，征伐的大事，則不應遠出國境之外，因而提到，舉凡有關國君的大事，史官依據「君舉必書」的原則，都應加以記錄，以備後世得以觀察國君的是非。

在討論「德刑禮義，無國不記」的法守時，柳先生引述《左傳》僖公七年所記，諸侯會盟於寧母，以謀共同伐鄭之事，而管仲諫勸齊桓公，以為「夫合諸侯，以崇德也，會而列姦，何以示後嗣」，又以為「諸侯之會，其德刑禮義，無國不記」，因此，管仲希望桓公秉持正義，勿輕許鄭國太子子華私自邀齊伐鄭的詐謀建議，以免輕舉妄動，為各國史官加以記錄，而為各國諸侯加以恥笑。作為各國史官，於諸侯大事，「無國不記」的例證。

柳先生又引述了《周禮》、《國語》、《大戴禮記》等多種文獻，說明在西周時代，太史、小史、內史、外史、御史等各自掌守的職權，從而說明，「周之太史，所掌典則法制，既與冢宰（宰相）相同，而王者馭臣出治之八枋，悉由內史所詔，國法國令之貳，咸在史官」，進而說明，「周官之制，相權最高，而太史內史執典禮，以相匡弼，法意之精，後世莫及，秦漢不知禮意，而以丞相總大政，御史大夫貳之，猶存周制於十一」6，以彰明自古以來，我國史官職權之重要性。

在〈史權第二〉篇中，柳先生一共引述了六十三條文獻，去對「史權」一事，作為佐證，

4　柳詒徵：《國史要義》，頁十六。
5　柳詒徵：《國史要義》，頁二十七。
6　柳詒徵：《國史要義》，頁三十四。

加以論述，而在六十三條文獻之中，有關「春秋學」方面的資料，即佔了二十五條之多，接近所引資料的半數，則其對「春秋學」的注重，可見一斑。

㈢史統第三

在本篇之中，柳先生討論國史中的正統觀念，以為國史正統之論，必以道德為評斷，而不必拘於一姓之私，其君其國，若無道德，雖霸有九州，也不得列於正統。他引述了劉知幾《史通・探賾篇》、歐陽修《正統論》、鄭所南《心史・古今正統大論》、方孝孺《後正統論》等文獻，作為抒發議論的佐證，但是，一般來說，正統之論，與「春秋學」的關係，極為密切，《春秋》隱公元年記曰：「元年春，王正月。」《公羊傳》曰：「何言乎王正月？大一統也。」應該是正統論最為重要的依據，柳先生同時在〈史統第三〉篇中也曾提到，「吾族由大一統而後有所謂正史，由正史而後有所謂通史集史，而編年與紀傳之體雖分，要皆必按年記錄，雖史才之高下不同，而必持義之正，始足以經世而行遠」7，但是，在此篇之中，柳先生卻不曾引述到《公羊傳》的此條文獻，卻只引述了《春秋繁露・三代改制質文篇》去作佐證，不免令人費疑。當然，像歐陽修等人的著述，對正統論的義旨發揮較為詳密，也是事實。

柳先生在本篇之中，一共引述了四十三條文獻資料，以闡述傳統史學中的「正統」觀念，而其中有關「春秋學」的資料，僅佔一條，比率委實太少。

㈣史聯第四

在本篇之中，柳先生以為，歷史記載，其時間、地域、人物，多有相互之聯繫，像正史中採用本紀、列傳、表、志等體裁，其記述人事，彼此之間，也有相互之聯繫，而某一時代，又往往有其時代之中心人物。

例如《史記》之中，記載孔子之事蹟，既見於〈孔子世家〉，又見於〈魯世家〉，而〈周本紀〉、〈秦本紀〉、〈吳太伯世家〉、〈齊太公世家〉、〈燕召公世家〉、〈管蔡世家〉、〈陳杞世家〉、〈衛康叔世家〉、〈宋微子世家〉、〈晉世家〉、〈楚世家〉、〈鄭世家〉，皆曾記錄孔子之事蹟，正所以見出司馬遷撰著《史記》，各體之中，旁見側出，別裁互著，錯綜聯繫之微妙，而顯現出以孔子為中心人物之觀點。

又如陳壽《三國志》，在《蜀書》之中，對諸葛亮之言行，記錄最多，而〈出師表〉一文，既載於諸葛亮之本傳，而於董允、向寵傳中，又加以節錄記載，不避複見，也正所以見出陳壽隱然以諸葛亮為蜀漢中心人物之觀點。

因此，柳先生以為，「史之為義，人必有聯，事必有聯，空間有聯，時間有聯，紀傳表志

7 柳詒徵：《國史要義》，頁六十五。

之體之善，在於人事時空，在在可以表著其聯絡」[8]，至於「史有同一性質，而有數十百事者，著之紀傳，則不可勝載，略之則不賅不備，表以列之，志以詳之，則相得益彰焉」[9]，可以充分說明史書各體聯繫的重要性。

柳先生論正史記事之多方聯繫，又以為，其體例之根源，實可上推於《左傳》之記事，例如《左傳》隱公三年，記衛莊公娶於齊國太子東宮得臣之妹，曰衛姜，美而無子，衛人惜之，「衛人所為賦〈碩人〉也」，今〈碩人〉之詩，在《詩經・衛風》之中。又如《左傳》閔公二年，記衛人立戴公以廬於曹，「許穆夫人賦〈載馳〉」，今〈載馳〉之詩，在《詩經・衛風》之中。閔公二年，又記鄭國國君厭惡其大夫高克，鄭君使其帥師於外，久不召回，軍隊潰散，高克因畏罪而奔往陳國，鄭君除去高克之目的雖達，鄭國民眾卻惋惜高克，「為之賦〈清人〉」，今〈清人〉之詩，在《詩經・鄭風》之中。據上述三例，柳先生以為，此即史家撰史注重聯繫體例之開端。

別外，柳先生以為，《左傳》雖是編年為史，記事理當不應重複，但是，例如《左傳》桓公六年，記載北戎伐齊，齊侯派使臣向鄭國乞師，鄭君派太子忽帥師救齊，大敗戎師，立下大功，此一事件，《左傳》於桓公十年，又加重複記載。又如《左傳》於閔公二年，記載「僖之元年，齊桓公遷邢于夷儀，二年，封衛于楚丘」，此一事件，《左傳》於僖公二年，又記載「諸侯城楚丘而封衛焉」。柳先生以為，這都是《左傳》在記事方面，有意重複互著，相互印證聯繫的例子。

另外，《左傳》編年記事，始於魯隱公元年。但是，在隱公元年，卻記載了「惠公之季年，敗宋師于黃」，在桓公二年，也記載了「惠公二十四年，晉始亂，故封桓叔于曲沃」，「惠之三十年，晉潘父弒昭侯而納桓叔，不克」，「惠之四十五年，曲沃莊伯伐翼，弒孝侯」等事件，魯惠公是魯隱公及魯桓公的父親，《春秋》及《左傳》記事，始於魯隱公元年，而在隱公元年及桓公二年的記事中，卻上溯記載了隱公桓公以前有關惠公的一些事蹟，柳先生以為，這也是編年體記事，有時仍然需要記錄超越當年之前的事件，以作聯繫，因此，對於「史聯」方式的起源，柳先生以為，應該是肇始於《左傳》記事的體例。

在〈史聯第四〉篇中，柳先生一共引述了四十六條文獻資料，以論述「史聯」的體例及其功用，而在四十六條文獻資料中，《左傳》卻被引述了十一次，數量並不在少。

㈤史德第五

在本篇中，柳先生由劉知幾《史通》論史家才學識三長，進而討論章學誠在《文史通義》中所主張的「史德」，章氏說：「德者何？謂著書者之心術也。」柳先生以為，劉咸炘在《治史緒論》中釋史德為「敬恕」、梁任公在《中國歷史研究法補編》中釋史德為「忠實」，皆未

8 柳詒徵：《國史要義》，頁七十七。

9 柳詒徵：《國史要義》，頁七十五。

能真得章氏的心意。柳先生以為，治史而言修德，必究德之所由來。

柳先生以為，人類的道德，稟於天賦之靈明，而其靈明之啟發，則基於經驗之累積，經歷利害得失，推闡其因果之關係，以前事為後事之師，以畜其德，方能形成「道德」，所以，「以前人之經驗，啟發後人之秉彝，惟史之功用最大」**10**。所以，柳先生以為，「吾國聖哲，深於史學，故以立德為一切基本，必明於此，然後知吾國歷代史家所以重視心術端正之故」**11**，因此，自古以來，「言德，不專為治史，而治史之必本於德，則自古已然」**12**。故治史者必本於道德，方能發為信史。

在討論「史德」的意義及功用之後，柳先生又以為，本此「史德」，以撰述歷史，故自古以來，「史尚忠實」、「史職重信」，則是歷史記錄最關緊要之工作，在闡釋這一方面的意義時，柳先生首先引用《春秋》桓公五年所記，「春，正月，甲戌，己丑，陳侯鮑卒」的事件，作為例證，陳侯鮑即陳桓公，其異母弟名佗，乘桓公病危之際，殺桓公太子，而取得嗣位，《穀梁傳》解釋說：「鮑卒，何為以二日卒之？《春秋》之義，信以傳信，疑以傳疑，陳侯以甲戌之日出，己丑之日得，不知死之日，故舉二日以包之也。」因陳桓公卒後，朝政混亂，百官逃散，故先有甲戌之日赴告於天子，後又有己丑之日赴告於天子，以致史官也無法確定桓公之卒的時間，因此，便將兩種日期都記錄下來，所以說是「信以傳信，疑以傳疑」，疑不能定，故兩存其日期而保留懷疑之情，《穀梁傳》此條的記事，范寧注云：「明實錄也。」史官記事，於可信者信之，於可疑者疑之，也是一種「實錄」而取「信」重「信」的精神。

又如柳先生於《春秋》隱公元年所記「元年春，王正月」下，引述《穀梁傳》的解釋說：「《春秋》貴義而不貴惠，信（伸）道而不信（伸）邪，孝子揚父之美，不揚父之惡，先君之欲與桓，非正也，邪也，雖然，既勝其邪心，以與隱矣，已探先君之邪志，而遂以與桓，則是成父之惡也，兄弟，天倫也，為子受之父，為諸侯受之君，已廢天倫而忘君父，以行小惠，曰，小道也，若隱者，可謂輕千乘之國，蹈道則未也。」魯隱公與魯桓公，都是魯惠公之子，為異母兄弟，惠公喜桓公，欲立之為世子，但未及廢隱，即卒，隱公欲完成其父之志，故未行即位之禮，自己居攝，欲以嗣君之禮事桓公，《穀梁傳》對此事的解釋是，惠公欲立桓公，是邪而非正的行為，隱公了解惠公之志，而欲立桓公為君，則是成就了其君其父惠公的不當意願，作為人臣人子的隱公，不但傷害了父子兄弟之間的天倫，而且，想要棄千乘國君之位，讓位給桓公的行為，卻又引來了桓公的弒君殺兄，實在只是一種小道小惠而已，實在算不上是正道正義的行徑。對於《穀梁傳》的解釋，「《春秋》貴義而不貴惠，信（伸）道而不信（伸）邪」的立場，柳先生認為，那才是史家「愛而知其惡，憎而知其善」的真正「史德」的表現，最為可貴，因此，柳先生對於《左傳》成公十五年中所載「《春秋》之稱，微而顯，志而晦，婉而成

10 柳詒徵：《國史要義》，頁八十六。

11 柳詒徵：《國史要義》，頁八十八。

12 柳詒徵：《國史要義》，頁八十九。

章，盡而不污，懲惡而勸善」，以為《春秋》之作，辭雖微妙而其義則明顯，其記錄雖隱約而義卻不晦澀，又能婉轉成篇，曲盡其事之情而無所污遠，其功能則可勸善而懲惡，同樣也才是史家「史德」的最高表現。

在〈史德第五〉篇中，柳先生引述了《國語》、《禮記》、《宋史》、《近思錄》等文獻資料一共有三十五條之多，其中引述「春秋學」方面的資料，只有三條，成份雖然不多，但在佐證「史德」的意義上，卻居有關鍵性的作用。

㈥史識第六

在本篇之首，柳先生提到，史識之說，雖然是由劉知幾首先提出，但是，後世的一些學者們，對於劉氏史識的意義，卻有不同的詮解，劉氏所謂的史識，主要在於「好是正直，善惡必書，使驕君賊臣知懼」（見《舊唐書·劉子玄傳》），而章學誠在《文史通義·史德》之中，已經將劉氏所說之「有學無識」，誤指為「有學無才」，以致才識不分，與劉氏原意不同，至於近代，梁任公在《中國歷史研究法續編》之中，指「史識」即是史家的「觀察力」，劉咸炘在《治史緒論》中，則指「史識」是史家「觀史跡之風勢」，也都與劉氏的原意不符，而且四家所說，也彼此互異。

柳先生以為，史家之所以能有見解識力，產生於心中，一方面是本於天賦，另一方面則是依靠廣稽史事，因此，「學者識力，大都出於讀史」*13*，儲積前人著述中之經驗，用以培養自己的識力，柳先生曾經引述了劉咸炘在《治史緒論》中的話說：「讀史有出入二法，觀事實之始末，入也。察風氣之變遷，出也。」因此，史家著史之見解，不僅需要「明撰著之義法」，尤當需「求人群之原則」，如近代所謂「歷史哲學」所從事者，方為良善，柳先生也以為，「歷史哲學，吾國古代亦無此名，而其推求原理，固已具於經子」，所以，柳先生也強調，「吾人治中國史，仍宜就中國聖哲推求人群之原理，以求史事之公律」。14

在本篇中，柳先生引述了許多「春秋學」的文獻，用以說明史家史識培養的例證，他說：「吾國古無所謂歷史研究法，然三傳之於《春秋》，各有師說，以解析《春秋》之義法，則世之有史學研究法者，莫先於吾國矣。」15他以為，《左傳》「所載史事，多出於《春秋》之外，然左氏不以其所見史料之富，而斥《春秋》之簡略，且推究《春秋》所以不書之故，而歸於禮經之凡例」。16

柳先生舉出《左傳》隱公十一年所記「凡諸侯有命，告則書，不然則否，師出臧否亦如之，雖及滅國，滅不告敗，勝不告克，不書于策」，莊公二十九年所記「凡物不為災，不

13 柳詒徵：《國史要義》，頁一〇九。
14 柳詒徵：《國史要義》，頁一二七。
15 柳詒徵：《國史要義》，頁一一一。
16 柳詒徵：《國史要義》，頁一一一。

書」，僖公二十三年所記「凡諸侯同盟，死，則赴以名，禮也，赴以名則亦書之，不然則否，辟不敏也」，文公七年所記「凡會諸侯，不書所會，後也，後至不書其國，辟不敏也」，文公十四年所記「凡崩薨不赴，則不書，禍福不告，亦不書，懲不敬也」，文公十五年所記「凡諸侯會，公不與，不書，諱君惡也，與而不書，後也」，從以上六條資料中，即可以了解《左傳》推究《春秋》對於史事所以記載或不加記載的原因，用以彰明《春秋》的「凡例」，柳先生以為，從這些史事的「書」或「不書」之中，即可以「衡物異之重輕，視人事之敬惰」，同時，「已可啟發史識」，培養史家自己的見解。

另外，柳先生又從《左傳》中不明言「凡例」，而從記事的敘述中，舉出了十九條例證，例如《左傳》僖公九年所記「齊侯以諸侯之師伐晉，及高梁而還，討晉亂也，令不及魯，故不書」，（《春秋》於此事未加記載，《左傳》以「令不及魯」解釋））。文公十七年所記「晉荀林父、衛孔達、陳公孫寧、鄭石楚，伐宋，討曰，何故弒君，猶立文公而還，卿不書，失其所也」（《春秋》於此事只記載「晉人、衛人、陳人、鄭人，伐宋」，《左傳》則解釋為四國大夫對此事處理不當，故《春秋》不書各國卿大夫之名）。襄公二十六年所記「六月，公會晉趙武、宋向戌、鄭良霄、曹人，於澶淵以討衛，疆戚田，取衛西鄙懿氏六十以與孫氏。趙武不書，尊公也，向戌不書，後也」，（《春秋》於此事只記載「公會晉人、鄭良霄、宋人、曹人，于澶淵」，於晉於宋，不書趙武、向戌之名，原因各異）。從這一類的例子中，柳先生以為，「同一會盟，而卿之名，有書有不書。同一人，而有書有不書，同一不書，而各有其故，其剖析之細密也若是，慎位重信，大義凜然，所謂讀書得間者，即從此等無文字處得之也」，[17]所謂「讀書得間」，正是史家「識力」所到之處，也正是用以培養史家「識力」的途徑。

此外，《公羊傳》與《穀梁傳》，雖是以解釋《春秋》經文為主，不是以記事為主，但是，柳先生以為，《公羊》與《穀梁》兩傳，用屬辭比事的方法，也解釋了《春秋》所以「書」或「不書」的原因，其目的，都在於「正君臣父子兄弟之倫」之大者，因此，《春秋》三傳，其記事解經的書法，正可以養成史家撰史時「慎始知幾」、「價值判斷」的「識力」。

在〈史識第六〉篇中，柳先生引用了一百四十三條文獻資料，來說明史家的「史識」，而其中有關「春秋學」的資料，卻佔了八十五條，超過所引述的資料一半以上，可見柳先生以為「春秋學」在討論「史識」時的重要意義。

(七)史義第七

在本篇之中，柳先生首先依據《孟子．離婁下》所說的「王者之跡息而《詩》亡，《詩》亡然後《春秋》作，晉之《乘》，楚之《檮杌》，魯之《春秋》，一也，其事則齊桓晉文，其文則史，孔子曰，其義，則丘竊取之矣」，指出歷史的三要素，曰事曰文曰義，指出孔子治史，重在義理，尤其注重義理在倫理、在人道、在政治上的功能，進而論及六藝六經，其義

[17] 柳詒徵：《國史要義》，頁一一三。

理、其功能，也都在於倫理、人道、政治方面的運用，並認為，這才是「中國史學之根本」，也才是「中國一切學術之根本」。[18]

柳先生再依據《史記．司馬相如傳．贊》所說的「《春秋》推見至隱，《易》本隱以之顯」，指出《周易》之作用在由抽象的原理以反映人事的現象，而《春秋》的作用在經由繁複的人事情況中顯示抽象的律則。在《周易》方面，柳先生舉出〈乾卦〉上九「亢龍有悔」及〈坤卦〉初六「履霜堅冰至」，作為教人讀《易》時見微知著的例子。在《春秋》方面，柳先生舉出《史記．董仲舒傳》中〈賢良策〉所說的「孔子作《春秋》，上揆之天道，下質諸人情，參之於古，考之於今，故《春秋》之所譏，災害之所加也，《春秋》之所惡，怪異之所施也」，以及董仲舒《春秋繁露．玉杯》所說的「人受命於天，有善善惡惡之性，可養而不可改，可豫而不可去」，從而說明《春秋》之精神，在於稟持人生天賦的本性，對於歷史上的種種人事行為，作出善則善之，惡則惡之的道德評斷，使人產生警惕的作用，從而建立起撰著歷史的價值標準，產生勸善懲惡的作用，同時，也使得後世讀者，能夠藉此了解是非，分辨善惡，發揮見賢思齊，見不賢而內自省的功用。

柳先生又提到，「《易》義有恆有變，史義亦有正有變，知其變，方能識其正」，[19]他先舉出許多《穀梁傳》的例子，例如《春秋》僖公四年所記，「公會齊侯、宋公、陳侯、衛侯、鄭伯、許男、曹伯，侵蔡，蔡潰，遂伐楚，次于陘」，《穀梁傳》解釋說：「潰之為言，上下不相得也，侵，淺事也，侵蔡而蔡潰，以桓公知所侵也，不土其地，不分其民，明正也。」齊桓公以諸侯之師侵蔡，蔡人潰散，而桓公不佔據蔡國土地，不分割蔡國人民，並藉此繼續攻伐南方的楚國，因此，《春秋》許以為是正當的行為。又如襄公二十九年所記，「仲孫羯會晉荀盈、齊高止、宋華定、衛世叔儀、鄭公孫段、曹人、莒人、邾人、滕人、薛人、小邾人，城杞」，《穀梁傳》解釋說：「古者天子封諸侯，其地足以容其民，其民足以滿城以自守也，杞危而不能自守，故諸侯之大夫，相帥以城之，此變之正也。」古代天子分封諸侯，其土地應足以容納民眾，其民眾也足以自守其城池，但杞子卻無力自守其地，而諸侯之大夫自動前往為杞君建築城池，雖無天子之命，並不正當，但扶危濟傾，幫助危弱，也是可取的行為，所以，《春秋》許以為是知變而正當的事情。由此，柳先生以為，《穀梁傳》特別強調了「《春秋》貴義而不貴惠，信（伸）道而不信（伸）邪」（隱公元年）的理想，也往往藉著種種不正之事，反示其正義之所在，這即是「《春秋》以道義」（《史記・太史公自序》）的精神，另外，也舉出了《左傳》及《公羊傳》的例子，以彰明《春秋》中正義變義，相反相成，使讀者叩其兩端，由正知反，由反顯正，因時制宜的要旨。

柳先生在本篇之中，一共引述了八十條文獻，作為佐證其闡釋「史義」的資料，而在八十條文獻之中，關於「春秋學」的資料，即佔了四十三條，超過了全部引述資料的一半以上，可

18　柳詒徵：《國史要義》，頁一三四。

19　柳詒徵：《國史要義》，頁一三七。

見「春秋學」的文獻，在柳先生討論「史義」時的重要性。

㈧史例第八

在本篇中，柳先生以為，古籍著述，其有凡例，始於《易》之爻辭，《周易》每卦六爻，爻象徵陰陽，以九及六稱之，此即《周易》全書之通例，而〈乾卦〉及〈坤卦〉六爻之後，各加一則，以示「用九」及「用六」之例，此即群書之有凡例的開始，而凡例的作用，則在於執簡馭繁，使讀者掌握全書之綱領。

柳先生又以為，在周代，史為官書，所作記事記言，也必有共同遵守之規律，及至《左傳》，記事發凡，計有五十則，後人遂謂之為「春秋五十凡」，杜預在〈左傳序〉中，綜而論之曰：「其發凡以言例，皆經國之常制，周公之垂法，史書之舊章，仲尼從而修之，以成一經之通體，其微顯闡幽，裁成義類者，皆據舊例而發義，指行事以正褒貶。」雖然，後世學者，有人懷疑杜預之說，像廖平在《左傳杜氏五十凡駁例箋》中，更舉出了不少的反證，以為《左傳》言凡與不言凡者，皆出於孔子筆削《春秋》之後，以為孔子之前，不應有此凡例，但是，柳先生卻以為，如果「孔子以前，史官記事，皆漫無定例，何以屬辭」，「不必因推尊孔子，遂謂《春秋》以前無史例也」，[20]他對杜預及廖平的意見，都不全然同意，也認為孔子以前，史官撰著史書，已自有其史例之存在，但是，對於杜預的《春秋釋例》，仍然加以肯定，以為「言史例者，不可不先從事此一家之學」，[21]即使《釋例》全書已不可見，但輯自《永樂大典》的輯本，猶可得其十之七八。

柳先生也以為，「言《春秋》之例者，《公羊》廣而《穀梁》精」，關於《公羊》之學，柳先生敘述自胡毋生作〈條例〉，何休作〈文謚例〉，提出「三科、九旨、二類、七等、七缺」等說法，徐彥作《注疏》，以至清儒劉逢祿等，加以發揮推闡，至康有為，遂以《春秋》改制之義，倡導變法，而在政治上產生絕大的影響，更是其他國家史籍絕無僅有的事情。柳先生並特別推崇清人王代豐所著的《春秋例表》，足為《公羊》言例之代表，王氏書〈自序〉中所說的「《春秋》者禮也，禮者例也」，更是掌握了《春秋》的要旨。

關於《穀梁》之學，柳先生引述陳澧《東塾讀書記》之說，以為范甯於注解《穀梁傳》之外，並曾撰有《穀梁略例》，其《略例》皆無穿鑿迂曲之病。柳先生又以為，「《穀梁》時月日之例，視《公羊》尤精」[22]，並舉出其叔祖柳興恩先生所撰之《穀梁大義述》，以為該書「首述日月例，其推勘各例之所從來，及其相互相反之義，范《注》楊《疏》，皆不逮也」，柳先生又以為，「史例經例，皆本於禮，禮必準情度理，非可以意為之」，因此，「研究《春秋》時月日例，亦以人情事理相推之而已」，而「《穀梁大義述》得此要旨，故於諸以時月日

20 柳詒徵：《國史要義》，頁一六六。
21 柳詒徵：《國史要義》，頁一六六。
22 柳詒徵：《國史要義》，頁一六八。

見義者，皆以諸侯卒葬之正變推之，以卒葬之日時最易解，而其相反之義亦特明」，因此，柳先生以為，《穀梁大義述》一書，「由此類推，則準情度理，褒貶予奪，皆有至理，而諸例迎刃而解矣」。[23]

柳先生在〈史例〉篇中，特別詳述《春秋》三傳之凡例，主要以為，《春秋》雖是經書，實則源出史書，推尋其凡例，可以明經例，兼亦可以明史例，且後世史書，多未自言其凡例，究心經例，正可以推尋史例，蓋「為史者亦講求著述之例，此非偶然相類，實學術相沿之塗轍也」。[24]

柳先生又舉出後世史學著述，如歐陽修之《五代史記》，朱熹之《通鑑綱目》，於史例方面，雖多自行論說，實則仍屬效法《春秋》之義例者。至於司馬光之《資治通鑑》，自定凡例，似與《春秋》關涉較少，此則由於《春秋》記述二百四十二年間之史事，所用文字，極為簡略，又於時君世主，多所忌諱，故乃於褒貶善惡方面，多所措心，而《通鑑》記述一千三百六十二年間之史事，所用文字極繁，自不必於尋常一二薨卒之例，示其差別等第褒貶善惡，故其與《春秋》之關涉，也相對減少。

柳先生在本篇之中，一共引述了九十七條文獻，以闡釋傳統史書中有關「史例」的要旨，其中涉及「春秋學」的資料，即佔了五十六條之多，超出全部引述資料的一半以上，其重要性，由此可見。

(九)史術第九

在本篇中，主要討論讀史的效用問題，柳先生以為，讀史之益，可以使人獲得持身處事之術，可以使人關切國家天下之事，進而了解歷史發展治亂興衰的因果，獲得歷史的教訓，培養遠見，同時，閱讀歷史，也應該以遠大之眼光求之，方能夠觀其會通。

在本篇之中，柳先生一共引述了六十條文獻，作為佐證「史術」的資料，但是，在六十條文獻中，僅只引述了《公羊傳》與《穀梁傳》各一條資料，並且，也都不是應用在重要的關鍵問題之上。

(十)史化第十

在本篇之中，柳先生敘述歷史中之必有變化，但變化中也有承襲，但是，歷史變化之中，必有不可改變的因素存在，像親親、尊長，道德倫常，都是不可變革的重心，由此，人們閱讀歷史之時，也必以教化禮義為先，然後可以轉移世風，導正習俗。

在本篇之中，柳先生引述了六十二條文獻，作為佐證「史化」的資料，在六十二條文獻

23 柳詒徵：《國史要義》，頁一六八。
24 柳詒徵：《國史要義》，頁一七二。

中，僅只引述了一條《公羊傳》的資料，所佔的比率極低。

以上所論，乃針對柳先生《國史要義》書中十篇內容，加以分析其內容，以及「春秋學」在各篇中所發揮的作用。

綜合而言，柳先生在《國史要義》之中，由論述國史的起源，史官的權力，到國史中的正統觀念，史書中記言記事的的相互聯繫，撰史者的道德修養，史家的識解遠見，歷史記述的意義，撰著史書時的凡例，以至於讀史時所能獲得的效益，以及社會所能獲取移風易俗的功能。十篇論述，篇篇貫聯，環環相扣，有體有用，形成一個完整而詳密的體系，確實是體大思精，難能可貴的撰著。

柳先生的《國史要義》，與他的另一部名著《中國文化史》一樣，都是採取綱目體的寫作方式，這種方式，先以自己的文字，書寫正文，作為提綱，然後再廣引文獻史料，作為佐證己說的資料，這種寫作方式，綱與目之間，涇渭分明，清晰易辨，既可以充份發抒己見，也能夠言而有證，取信於人，同時，這種綱目之體，對於佐證文獻的引述多寡，也易於統計，易於見出作者對於文獻重視的立場與態度。

三、結　語

綜合以上分析，可得結語如下：

1. 柳先生的《國史要義》一書，分為十篇，從史原、史權、史統、史聯、史德、史識，一直到史義、史例、史術、史化，對於傳統史學的起源到方法，觀念到功能，節節貫聯，環環相扣，組織成一套嚴密的理論體系，在這套理論體系中，其中主要的骨幹，是儒家的文化思想，在儒家的文化思想中，又引述了大批「春秋學」的資料，融會了不少「春秋學」的精神。因此，在柳先生的觀念中，如果要了解「國史」的全貌，仍然不能完全拋開「春秋學」的成分而不顧。

2. 筆者經過約略的統計，在《國史要義》的十篇論述之中，一共引用了六百九十八條文獻，其中有關「春秋學」的資料，即佔了二百五十條之多，已經超過了全部引述資料的三分之一以上，這些「春秋學」的資料，包括《左傳》、《公羊傳》、《穀梁傳》、董仲舒的《春秋繁露》、胡安國的《春秋傳》、顧棟高的《春秋大事表》、柳興恩的《穀梁大義述》等，這種情形，一方面，可以見出柳先生論述國史時對於「春秋學」重視的程度，另一方面，也可反映出柳先生表彰了「春秋精神」在國史中所居的重要地位。所謂的「春秋精神」，用「春秋學」的術語說，便是「正名、定分、寓褒貶、明是非、別善惡、賢賢、賤不肖」，用更通俗的話語說，便是：希望藉著歷史的書寫，去反映出人倫的常規，去遵守道德的理想，去釐定價值判斷的標準。

3. 春秋學，尤其是《公羊傳》與《穀梁傳》，都格外著重華夷之辨，著重大復讎的觀念，柳先生身處抗戰艱困時期，講授國史研究要義，別有感觸，凝聚心頭，因此，在著述中，特別強調「春秋學」的重要，用以激勵人心，勗勉國人，以自強雪恥，驅逐敵寇為目標，也是愛國情緒自然的流露。

附記

民國九十四年，是抗戰勝利的六十週年，筆者寫了一冊《中華民族抗日戰爭史略》，作為紀念，該書敘述日本軍閥侵華，從甲午戰爭開始，歷經九一八東北淪陷，七七蘆溝橋事變，到民國三十四年抗戰勝利，對於上下五十年間的各種錯綜經緯，試加梳理，舖陳展現，該書篇幅雖然不大，卻以彰顯國人的抗戰精神，作為主軸，盼望能與此書相互補充，提供讀者們作為參考。

中華民國一〇四年八月十五日　胡楚生　謹識

國家圖書館出版品預行編目資料

烽火下的學術論著——抗戰時期十種文史著作探微

胡楚生著. – 初版. – 臺北市：臺灣學生，2015.09

面；公分

ISBN 978-957-15-1684-4 (平裝)

1. 學術思想 2. 文集 3. 中國

112.07　　104017690

烽火下的學術論著
——抗戰時期十種文史著作探微

著作者：胡楚生
出版者：臺灣學生書局有限公司
發行人：楊雲龍
發行所：臺灣學生書局有限公司
臺北市和平東路一段七五巷一一號
郵政劃撥戶：〇〇〇二四六六八號
電話：（〇二）二三九二八一八五
傳真：（〇二）二三九二八一〇五
E-mail: student.book@msa.hinet.net
http://www.studentbooks.com.tw

本書局登記證字號：行政院新聞局局版北市業字第玖捌壹號

印刷所：長欣印刷企業社
中和市永和路三六三巷四二號
電話：（〇二）二二二六八八五三

定價：新臺幣四〇〇元

二〇一五年九月初版

11216

ISBN 978-957-15-1684-4 (平裝)